Michael Wissing · Maurice Kirsch

Naturküche
à la carte

Michael Wissing · Maurice Kirsch

Naturküche
à la carte

FALKEN

CIP-Titelaufnahme der Deutschen Bibliothek

Wissing, Michael:
Naturküche à la carte / Michael Wissing; Maurice Kirsch. –
Niedernhausen/Ts.: Falken-Verl., 1988
(Falken-Sachbuch)
ISBN 3-8068-4406-2
NE: Kirsch, Maurice:

ISBN 3 8068 4406 2

Idee: Michael Wissing BFF, Elzach
Rezepte: Maurice Kirsch, Freiburg i. Br.
Titelbild: Michael Wissing
Fotos: Dagmar Faust, Seite 145 – Geranien; Dieter Wissing, Seite 95 – Spankörbe; alle restlichen Fotos Michael Wissing BFF, Elzach und Andreas Thumm
Fotoassistent: Andreas Thumm, Freiburg
Foodstyling: Maurice Kirsch
Grafische Gestaltung: Hannes Osterrieder, Freiburg i. Br.
Texte: Iris Löhlein, Niedernhausen

Lithographie: OKA Reproduktionsbetrieb GmbH, Osnabrück
Satz: LibroSatz, Kriftel bei Frankfurt
Druck: Appl, Wemding

817 2635 4453 6271

Vorwort

Wir wollen keine Fertigprodukte und keine Extrakte, sondern uns der frischen, bunten Welt von Gemüse, Kräutern, Getreide und süßen Früchten öffnen. Die Zubereitung allein soll ihre natürlichen Vorzüge noch besser zur Geltung bringen.
Die „Naturküche" kocht also nicht wie zu Großmutters Zeiten, sie greift modernes Wissen über schonendes Garen auf und verwandelt Fleisch und Fisch in eine köstliche Nebensache.
Wir gehen neue Wege, Natürlichkeit zu genießen und ihre Reize verlockend in Szene zu setzen.

Inhalt

BLATTSALATE

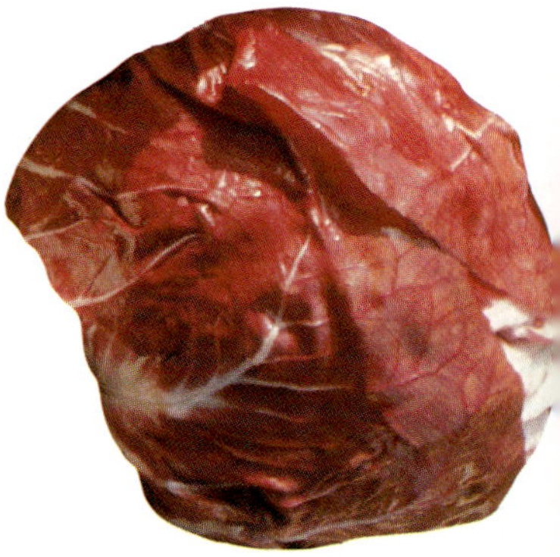

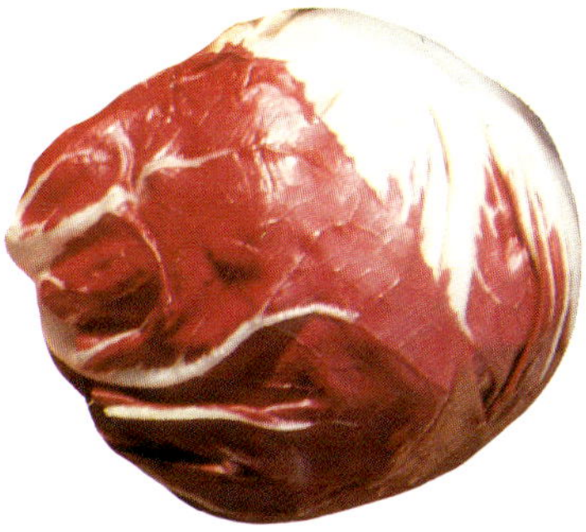

Begleiten Sie uns auf einem ausgedehnten Marktspaziergang von ganz besonderer Art. Schon auf den ersten Blick ziehen knackiges Grün, zartes Gelb und flammendes Rot unsere Aufmerksamkeit auf sich.

Wir treten näher, und sogleich mischt sich der mildwürzige Duft frischer Kräuter mit den frohen Farben der Salate. Auch die Schalotten und die üppigen Lauchzwiebeln von nebenan möchten ein zartes Wörtchen mitreden.

Ein paar Stände weiter bauen sich Essenzen, Öle und Gewürze in ihrer verlockenden Vielfalt auf, um dem Marktbesucher kräftig zu imponieren.

In den verschiedensten Flaschen, Gläsern, Tüten und Schachteln verbirgt sich lang gereiftes exotisches Würzwerk, mit dem sich immer wieder neue reizvolle Aroma-Akzente setzen lassen.

Wir können nicht widerstehen! Frischer Salat, duftende Kräuter, Obst, Gemüse und würzige Essenzen werden im Korb verstaut. Sie wollen wissen, was wir daraus machen?

Blättern Sie doch einfach um!

Kopfsalat mit Poulardenbrust

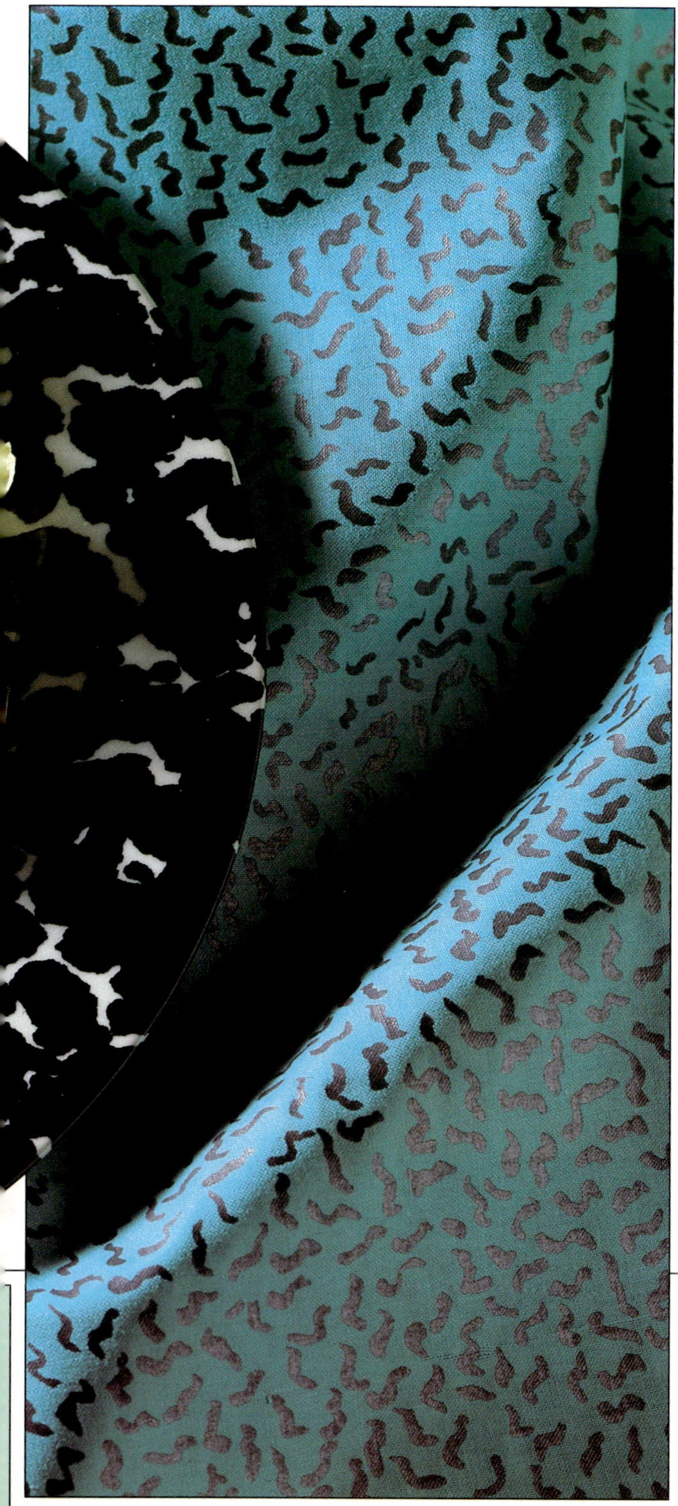

1 Kopfsalat • 2 Poulardenbrüste • 1 säuerlicher Apfel • wenig Zitronensaft • Sherryessig • Olivenöl • Salz • Pfeffer

1. *Den Kopfsalat in mundgerechte Stücke zupfen, waschen und abtropfen lassen.*
2. *Die ausgelöste Poulardenbrust enthäuten und in dünne Streifen schneiden.*
3. *Den Apfel in schmale Spalten schneiden und mit etwas Zitronensaft beträufeln.*
4. *Aus den übrigen Zutaten eine Marinade rühren. Den Salat und die Apfelspalten auf Tellern verteilen.*
5. *Die Fleischstreifen salzen und pfeffern, mit wenig Olivenöl auf einer Seite anbraten. Das Fleisch zu dem Salat geben und mit der Marinade beträufeln.*

Radicchio mit Schafskäse

2 kleine Köpfe Radicchio • 150 g Schafsfrischkäse (Ricotta) • 2 kleine Zwiebeln • Thymianzweige • Olivenöl • Zitronensaft • Salz • Pfeffer

1. Den Radicchio in mundgerechte Stücke zupfen. Den Frischkäse zerkleinern und die Zwiebeln in feine Ringe schneiden.
2. 4 kleine Thymianzweige aufbewahren. Aus dem restlichen Thymian, Öl, Zitronensaft, Salz und Pfeffer eine Marinade zubereiten.
3. Den Salat mit dem Käse und den Zwiebelringen auf Tellern anrichten. Die Marinade und den Thymian hinzugeben.

Lollo Rosso mit Knoblauchsahne

1 Kopf Lollo Rosso • 100 g Crème fraîche • 50 ml Sahne • 2 Knoblauchzehen • wenig glatte Petersilie • Zitronensaft • Salz • Pfeffer

1. Den Lollo Rosso in kleine Stücke zupfen, waschen und abtropfen lassen.
2. Die Crème fraîche mit der Sahne verrühren. Die Knoblauchzehen zerdrücken, ¾ der Petersilie fein schneiden und dazugeben. Die Creme mit Zitronensaft, Salz und Pfeffer abschmecken.
3. Den Salat auf Tellern verteilen. Die Knoblauchsahne hinzugeben und die übrige Petersilie anlegen.

Feldsalat mit Himbeeressig

200 g Feldsalat • 3 EL Haselnüsse • 2 Tomaten • 1 kleine Schalottenzwiebel • Olivenöl • Himbeeressig • Salz • Pfeffer

1. Den Feldsalat von den Wurzeln befreien und am Ende vorsichtig über Kreuz einschneiden, waschen und abtropfen lassen.
2. Die Nüsse blättrig schneiden. Die Tomaten filieren und die Filets in Rauten oder Würfel schneiden.
3. Die Schalottenzwiebel fein schneiden. Aus dem Öl, dem Essig, Salz, Pfeffer und der Schalotte eine Salatsauce zubereiten.
4. Den Feldsalat mit den Nüssen und den Tomatenwürfeln auf Tellern anrichten. Die Salatsauce darüber verteilen.

Kopfsalat mit Entenbrust

400 g Entenbrust • Salz • Pfeffer • 1 Kopfsalat • 1 Schalottenzwiebel • wenig Thymian • Sonnenblumenöl • Weißweinessig

1. Die Entenbrust von überschüssigem Fett und der Sehne befreien, salzen und pfeffern. Den Boden einer Bratpfanne etwa ½ cm hoch mit Wasser bedecken. Die Entenbrust auf der Hautseite in das Wasser legen und stark erhitzen.

2. Sobald das Wasser verdampft ist, die Hitze zurücknehmen, noch einige Minuten auf der Hautseite braten, wenden und bei schwacher Hitze etwa 3 Minuten weiterbraten. Die Brust aus der Pfanne nehmen und im Kühlschrank etwa 2 Stunden erkalten lassen.

3. Den Kopfsalat verlesen, waschen und in mundgerechte Stücke zupfen. Die Schalottenzwiebel fein schneiden. Aus der Schalotte, dem abgezupften Thymian und den übrigen Zutaten eine Marinade zubereiten und abschmecken.

4. Den Salat anrichten, die Marinade darüber verteilen und die in dünne Scheibchen geschnittene Entenbrust anlegen.

Roter Kopfsalat mit Kerbelsahne

1 roter Kopfsalat • 1 Bund Kerbel • 100 ml Crème fraîche • 50 ml Sahne • wenig Zitronensaft • Salz • Pfeffer

1. *Den Salat verlesen, waschen und in mundgerechte Stücke zupfen. Den Kerbel waschen, einige schöne Blättchen aufbewahren, den Rest fein schneiden.*
2. *Den geschnittenen Kerbel mit den übrigen Zutaten zu einer Salatsauce vermischen.*
3. *Den Salat anrichten, die Kerbelsahne darübergeben und die Kerbelblättchen anlegen.*

Löwenzahnsalat

300 g Löwenzahn • 125 g gekochter Schinken • Butter • 8 Scheiben Toastbrot • Olivenöl • Balsam- oder Rotweinessig • Salz • grober und feiner Pfeffer

1. *Den Löwenzahn waschen, verlesen und abtropfen lassen.*
2. *Den Schinken in kleine Würfel schneiden und in wenig Butter anbraten.*
3. *Die Toastbrotscheiben von der Rinde befreien, in 1 cm große Würfel schneiden und in Butter goldbraun rösten.*
4. *Aus dem Öl, Essig, Salz und Pfeffer eine Marinade rühren.*
5. *Den Löwenzahn auf Teller verteilen. Die angebratenen Schinkenwürfel noch warm mit den gebräunten Brotwürfeln darüber verteilen.*
6. *Mit der Marinade beträufeln und nach Belieben grob gestoßenen Pfeffer darübergeben.*

Eichenlaubsalat mit Geflügelleber

1 Eichenlaubsalat • 150 g Geflügelleber • Salz • Pfeffer • 1 kleine Schalottenzwiebel • wenig Kerbel • Sherryessig • Olivenöl

1. *Den Salat in kleine Blätter zerlegen, waschen und abtropfen lassen. Die Leber enthäuten und leicht würzen. Die Schalottenzwiebel und ¾ des Kerbels fein schneiden.*

2. *Aus der Schalottenzwiebel, dem Sherryessig, dem Olivenöl, Kerbel, Salz, Pfeffer und eventuell wenig Wasser eine Salatsauce rühren.*

3. *Die Leber in wenig Öl anbraten und bei kleiner Stufe fertig garen.*

4. *Den Salat mit dem restlicnen Kerbel anrichten und die in Würfel geschnittene Geflügelleber zugeben. Mit der Salatsauce beträufeln.*

Salat von dreierlei Kresse

150 g Gartenkresse • 1 kleiner Bund Brunnenkresse • 8 Blüten der Kapuzinerkresse • 2 Scheiben Vollkorntoastbrot • Distelöl • Weißweinessig • Salz • Pfeffer

1. Die Kressesorten verlesen, waschen und abtropfen lassen.

2. Das Brot in Rauten oder Würfel schneiden, pfeffern, salzen und mit wenig Öl goldgelb anbraten.
3. Aus den übrigen Zutaten eine Salatsauce bereiten, dabei den Pfeffer etwas gröber mahlen. Die Kresse mit dem Brot auf Tellern anrichten und die Salatsauce darübergeben.

Chicorée- und Radicchiosalat mit Thunfisch

200 g Chicorée • 300 g Radicchio • 1 Schalottenzwiebel • 1 kleine Knoblauchzehe • Olivenöl • Sherryessig • Salz • Pfeffer • 200 g Thunfisch aus der Dose, naturell

1. *Den Chicorée und den Radicchio in einzelne Blätter zerlegen, waschen und je nach Größe kleinzupfen oder schneiden.*
2. *Die Schalottenzwiebel und die Knoblauchzehe sehr fein schneiden und mit Öl, Essig, Salz und Pfeffer eine Salatsauce zubereiten.*
3. *Den Salat mit dem Thunfisch auf Tellern anrichten und die Salatsauce darüber verteilen.*

Blattsalat mit Rotbarschfilet

1 Kopfsalat • 300 g Rotbarschfilet • Salz • Pfeffer • 1 Bund Dill • Sonnenblumenöl • Zitronensaft

1. Den Salat verlesen, waschen und abtropfen lassen.
2. Das Rotbarschfilet von Gräten befreien und in 1 cm dicke Stücke schneiden. Diese würzen und in einen Topf mit wenig Wasser legen, verschließen, aufkochen und sofort vom Herd nehmen.
3. Einige schöne Dillzweige zurücklegen, den Rest fein schneiden. Aus Dill, Öl, Zitronensaft, Salz und Pfeffer eine Salatsauce zubereiten.
4. Die Teller mit dem Salat belegen, die Fischfiletstücke anlegen und mit der Sauce beträufeln. Mit den Dillzweigen dekorieren.

Spinatsalat mit roten Zwiebeln

200 g junger Blattspinat • 4 kleine rote Zwiebeln • Olivenöl • Rotweinessig • Salz • Pfeffer

1. Den Spinat verlesen, waschen und abtropfen lassen. Die Zwiebeln in dünne Ringe schneiden.
2. Aus den übrigen Zutaten eine Salatsauce zubereiten.
3. Den Spinatsalat auf Tellern verteilen, die Zwiebelringe darüber verteilen und mit der Sauce beträufeln.

Blattsalat mit Ziegenfrischkäse

150 g Ziegenfrischkäse • 1 EL Crème fraîche • Salz • Pfeffer • 1 Kopfsalat • Olivenöl • Weißweinessig • 28 schwarze und grüne Oliven • Paprikapulver • Kümmel

1. *Den Ziegenfrischkäse mit der Crème fraîche verrühren, salzen und pfeffern.*

2. *Den Salat in mundgerechte Stücke zupfen, waschen und abtropfen lassen.*

3. *Aus Olivenöl, Salz, Pfeffer und wenig Essig eine Salatsauce rühren.*

4. *Den Salat locker auf Tellern verteilen, die Oliven anlegen. Mit einem in heißes Wasser getauchten Teelöffel kleine Nocken aus dem Ziegenfrischkäse stechen und auf dem Salat anrichten. Die Sauce darüber verteilen. Den Käse mit dem Paprikapulver und Kümmel bestreuen.*

Eisbergsalat mit Kräutern

1 Eisbergsalat • ½ gelbe Paprikaschote • 1 Bund gemischte Kräuter (Thymian, Kerbel, glatte Petersilie, Majoran) • Distelöl • Essig • Salz • Pfeffer

***1.** Den Eisbergsalat in mundgerechte Stücke zupfen, waschen und abtropfen lassen. Die Paprikaschote in feine Würfel schneiden.*

***2.** Die Hälfte der Kräuter von den Stielen zupfen und fein schneiden. Aus Öl, Essig, Salz und Pfeffer eine Salatsauce zubereiten.*

***3.** Den Eisbergsalat auf Tellern anrichten, die Paprikawürfelchen und die Salatsauce darauf verteilen und mit den restlichen Kräutern anrichten.*

KARTOFFELN

Betrachtet man die unscheinbaren braunen, versteckt wachsenden Knollen, verwundert es zunächst, welch bewegte Geschichte sie hinter sich haben. Ihre wilden Jahre verbrachte die Kartoffel in den rauhen Gebirgszügen der südamerikanischen Anden. Durch ihr unauffälliges Kraut getarnt, verbarg sie ihre zarten Knollen tief in der Erde. Indianer waren die ersten, die dies Geheimnis lüfteten und damit das weitere Schicksal der Kartoffel in die Hand der Menschen legten.

Bereits kultiviert, machte sie die Bekanntschaft der Spanier, die den „wohlschmeckenden, mehligen Trüffel" für unsere Küche eroberten. Im Schlepptau der Armada erreichten die ersten Kartoffeln im 16. Jahrhundert europäisches Festland.

Aber es war nicht das Aroma der knolligen Früchte, das die Menschen faszinierte, sondern vielmehr die Schönheit ihrer weiß-gelben Blüten. Stolz ließen sich die Kartoffeln fortan unter ihrem neuen Namen „Solanum tuberosum" als Kuriosität in botanischen Gärten bewundern.

Die Not hereinbrechender Kriege setzte dem geruhsamen Leben der Kartoffelpflanzen jedoch ein Ende. Auf Befehl der Landesherren wurden sie großflächig angebaut und dienten seither als wichtiges Grundnahrungsmittel.

Dies änderte sich erst, als der Wohlstand in Europa einkehrte. „Kartoffeln machen dick", hieß es nun plötzlich, und wer auf die schlanke Linie hielt, verstieß die Kartoffel aus seiner Küche. Nur mühsam erholt sie sich von diesem Vorurteil.

Die „mehligen Trüffel"

Kartoffelrösti mit Kalbfleischröllchen

600 g Kartoffeln • 3 Zwiebeln • 1 Knoblauchzehe • 1 Ei • Salz • Pfeffer • Muskatnuß • 400 g Kalbfleisch aus der Keule • 1 Bund Schnittlauch • Butter

1. *Die Kartoffeln waschen, schälen und in feine Streifen hobeln oder schneiden. Die Zwiebeln und die Knoblauchzehe fein schneiden.*
2. *Die Kartoffelstreifen mit einem Drittel der Zwiebeln, dem Knoblauch und dem Ei vermischen und abschmecken.*
3. *Das Kalbfleisch von Fett und Sehnen befreien, in dünne Scheibchen schneiden und diese sehr flach klopfen. Den Schnittlauch fein schneiden. Die Kalbfleischscheiben würzen, mit dem Schnittlauch bestreuen und einzeln zusammenrollen.*
4. *Butter in zwei Pfannen erhitzen. In der einen die Kartoffelrösti ausbacken und sie zum Warmhalten in den auf 75° C vorgewärmten Ofen legen. In der zweiten die Kalbfleischröllchen mit den restlichen Zwiebelwürfeln braten. Die Rösti auf Tellern verteilen, das Fleisch in Scheibchen schneiden und mit den Zwiebeln anlegen.*

Süßkartoffeln mit Gorgonzolasauce

600 g Süßkartoffeln (Bataten) • 200 g Gorgonzola • 150 ml Sahne • 1 Eigelb • Olivenöl • 2 EL Petersilie • 8 Eier • 1 Knoblauchzehe • Butter • Salz • Pfeffer

1. *Die Süßkartoffeln schälen und in dünne Scheiben schneiden. 4 kleine Ecken des Gorgonzola zur Dekoration zurücklegen, den restlichen Käse in 50 ml Sahne schmelzen. Die restliche Sahne steif schlagen und das Eigelb unterziehen.*

2. *Die Süßkartoffeln salzen, pfeffern und in Olivenöl anbraten. In der Zwischenzeit die Petersilie fein schneiden. Die Hälfte der Petersilie mit den 8 Eiern und der zerdrückten Knoblauchzehe verquirlen und würzen.*

3. *Die Gorgonzola-Sahne-Mischung erhitzen, abschmecken und mit dem Sahne-Eigelb-Gemisch aufkochen. Die Sauce mit den Süßkartoffeln auf vorgewärmten Tellern verteilen. 1 Teelöffel Butter in einer Pfanne schmelzen, darin die Eier unter Rühren stocken lassen, zu den Kartoffeln geben, die Gorgonzolaecken anlegen und mit der restlichen Petersilie bestreuen und servieren.*

Gefüllte Kartoffelringe

750 g Kartoffeln • 1 Zucchino • 2 rote Bete • 3 Tomaten • 1 kleine Schalottenzwiebel • Butter • 3 Eigelbe • Salz • Pfeffer • Muskatnuß • 200 ml Sahne

1. *Die Kartoffeln waschen, schälen und in leicht gesalzenem Wasser garen.*
2. *Den Zucchino und die geschälten roten Bete in Streifen schneiden. Getrennt in leicht gesalzenem Wasser blanchieren, abschrecken und abtropfen lassen.*
3. *Die Tomaten häuten, vierteln, entkernen und in Streifen schneiden. Die Schalottenzwiebel fein würfeln.*
4. *Die gegarten Kartoffeln abgießen, ausdampfen lassen und noch heiß durch ein Sieb streichen. Einen Teelöffel Butter und ein Eigelb hinzugeben. Mit den Gewürzen abschmecken und verrühren.*
5. *Die Kartoffelmasse in einen Spritzbeutel mit 6er Tülle füllen, Kreise und Stäbe auf ein mit Butter eingefettetes Blech spritzen und mit einem verrührten Eigelb vorsichtig bestreichen. Im Backofen bei 200° C etwa 15 Minuten backen.*
6. *Die Hälfte der Sahne steif schlagen und ein Eigelb unterziehen. Die Zucchino- und Tomatenstreifen mit wenig Butter erhitzen. Die Rote-Bete-Streifen mit den Schalottenzwiebeln in wenig Butter angehen lassen. An beide Gemüse je 50 ml Sahne geben, mit jeweils der Hälfte der Sahne-Eigelb-Mischung aufwallen lassen und abschmecken.*
7. *Die Kartoffelkreise und -stäbe auf vorgewärmten Tellern verteilen und mit dem Gemüse füllen.*

Rosmarinbratkartoffeln

750 g Kartoffeln • 1 TL Kümmel • 2 Zwiebeln • 1 Zweig Rosmarin • Butter • Salz • Pfeffer

1. Die Kartoffeln ungeschält in leicht gesalzenem Wasser mit dem Kümmel garen, abgießen und in der Schale ausdampfen lassen.
2. Die Schale abziehen und die Kartoffeln in 4 mm dicke Scheiben schneiden. Die Zwiebeln schälen, halbieren und in feine Streifen schneiden. Den Rosmarin waschen und die Nadeln von dem Zweig streifen.
3. In einer großen Pfanne 3 Eßlöffel Butter aufschäumen lassen. Die Zwiebelstreifen mit den Kartoffelscheiben und den Rosmarinnadeln hineingeben und bei mittlerer Hitze, ohne die Pfanne zu bewegen, anbraten. Mit Salz und Pfeffer abschmecken.
4. Zum Schluß die Rosmarinbratkartoffeln wenden und auf vorgewärmten Tellern anrichten.

Kartoffelschiffchen

8 – 12 Schiffchenformen aus Weißblech

400 g kleine Kartoffeln • Butter • Salz • Pfeffer • 1 Zucchino • 1 kleine gelbe Paprikaschote • 1 Karotte • 1 kleine Sellerieknolle

1. Die Kartoffeln schälen, in dünne Scheibchen schneiden oder hobeln. Die Schiffchenformen mit wenig Butter einfetten.
2. Etwa 3 Schichten Kartoffelscheiben in die Förmchen legen. Jede Lage würzen und zum Schluß einige Butterflöckchen daraufgeben. Im vorgeheizten Backofen bei 200° C etwa 20 Minuten goldgelb backen.
3. Das Gemüse in kleine Würfelchen schneiden, in leicht gesalzenem Wasser blanchieren, abschrecken und abtropfen lassen.
4. Die Gemüsewürfelchen in wenig Butter erhitzen, mit Pfeffer und Salz abschmecken und mit 5 Eßlöffeln Wasser aufkochen. 2 Eßlöffel nicht zu kalte Butter unterrühren. Die Kartoffelschiffchen auf vorgewärmte Teller geben, und das Gemüse hineinfüllen.

Kartoffelpüree mit Würfelgemüse

750 g Kartoffeln • 1 kleine Stange Lauch • 1 kleiner Sellerie • 1 Karotte • 3 Zwiebeln • 150 ml Milch • 2 EL Butter • Salz • Pfeffer • Muskatnuß

1. *Die Kartoffeln waschen, schälen und in leicht gesalzenem Wasser kochen. Den Lauch, den Sellerie und die Karotte in Würfel schneiden und blanchieren. Die Zwiebeln in Ringe schneiden.*
2. *Sobald die Kartoffeln weich sind, abgießen und durch ein Sieb in die heiße Milch streichen. Das Püree verrühren, die Butter untermischen und mit den Gewürzen abschmecken. Eventuell noch etwas heiße Milch zugeben.*
3. *Die Zwiebeln in einer Pfanne in wenig Butter erhitzen und würzen. Die Gemüsewürfel in wenig Butter angehen lassen und abschmecken. Das Püree mit dem Gemüse und den Zwiebelringen auf vorgewärmten Tellern anrichten.*

Kartoffel-Ingwer-Crêpes

500 g Kartoffeln • 20 g Ingwerwurzel • 3–5 Eier • Salz • Pfeffer • Muskatnuß • Butter • 100 ml Crème fraîche • 100 ml Sahne • 1 Eigelb • ½ Bund Schnittlauch

1. *Die Kartoffeln waschen und mit der Schale kochen, etwas abkühlen lassen, pellen und durch ein Sieb streichen. Den Ingwer schälen, sehr fein schneiden und zu der Kartoffelmasse geben. Nacheinander die Eier unterrühren, die Masse sollte jedoch nicht zu flüssig werden. Mit den Gewürzen abschmecken.*

2. *In einer Pfanne wenig Butter aufschäumen lassen, immer einen kleinen Eßlöffel der Kartoffelmasse nebeneinander in die Pfanne setzen und bei gelinder Hitze backen, umdrehen und in den vorgeheizten Backofen geben. Nach und nach die gesamte Masse so backen.*

3. *Die Crème fraîche erhitzen. Die Sahne währenddessen steif schlagen und das Eigelb unterrühren. Den Schnittlauch fein schneiden und zur Crème fraîche geben, aufkochen und abschmecken.*

4. *Die Sahne-Eigelb-Mischung zugeben, mit erhitzen und nochmals abschmecken. Die Sauce auf vorgewärmte Teller geben und die Kartoffel-Ingwer-Crêpes anlegen.*

Dreimal Kartoffeln

Kartoffelgaletten auf Lauchgemüse

750 g Kartoffeln • 1 Ei • Salz • Pfeffer • Muskatnuß • 1–2 EL Kartoffelmehl • 1 Bund Schnittlauch • 2 Stangen Lauch • Butter

1. *Die Kartoffeln waschen, in der Schale kochen und etwas ausdampfen lassen. Die Schale abziehen und die Kartoffeln durch ein Sieb drücken. Das Ei zugeben und mit den Gewürzen abschmecken.*
2. *Das Kartoffelmehl unter die Masse geben, je nach Feuchtigkeit etwas mehr. Den Schnittlauch fein schneiden und unterheben.*
3. *Den Lauch waschen, in Rauten schneiden und in leicht gesalzenem Wasser blanchieren. Aus der Kartoffelmasse Rollen formen, diese in 1–2 cm dicke Stücke schneiden.*
4. *In einer Pfanne Butter aufschäumen, darin die Kartoffelgaletten auf der Schnittseite bei schwacher Hitze bräunen. In der Zwischenzeit den Lauch mit wenig Butter erhitzen, abschmecken und zusammen mit den Kartoffelgaletten auf vorgewärmten Tellern anrichten.*

Salzkartoffeln mit Senf-Safran-Sauce

750 g Kartoffeln • 1 kleine Dose Safranpulver • wenig Butter • 1 TL Senf • Salz • Pfeffer • 100 ml Sahne • 1 Eigelb • 300 g Heilbuttfilet • Butter

1. Die Kartoffeln waschen, schälen, in gleich große Stücke teilen und in leicht gesalzenem Wasser garen.
2. In der Zwischenzeit das Safranpulver mit wenig Butter und dem Senf erhitzen, etwas Wasser zugeben, aufkochen und abschmecken.
3. Die Sahne steif schlagen und mit dem Eigelb vermischen. Das Heilbuttfilet in kleinere Stücke zerteilen und in einer verschlossenen Pfanne mit wenig Wasser erhitzen.
4. Die Sauce mit der Sahne-Eigelb-Mischung unter Rühren aufkochen und nochmals abschmecken. Auf vorgewärmten Tellern einen Spiegel der Sauce gießen und die Kartoffeln und die Heilbuttfiletstücke anlegen.

Kartoffelsterne mit Tomatensauce

750 g Kartoffeln • 500 g Tomaten • 1 kleine Zwiebel • 1 Knoblauchzehe • Butter • 1 TL Tomatenmark • Salz • Pfeffer • Muskatnuß • 1 Ei

1. Die Kartoffeln waschen, schälen und in leicht gesalzenem Wasser kochen.
2. Die Tomaten in feine Würfel schneiden, mit der gewürfelten Zwiebel und der zerdrückten Knoblauchzehe in wenig Butter angehen lassen. Bei schwacher Hitze zerkochen, das Tomatenmark zugeben, das Ganze durch ein Sieb streichen und abschmecken.
3. Die Kartoffeln abgießen, durch ein Sieb drücken, mit dem Ei, einem Teelöffel Butter und den Gewürzen abschmecken und vermischen.
4. Die Kartoffelmasse in einen Spritzbeutel mit 6er Tülle füllen und auf ein gebuttertes Blech kleine Sterne spritzen. Diese im Backofen bei 200° C bräunen und mit der erhitzten Tomatensauce auf vorgewärmten Tellern anrichten.

Würfelkartoffeln mit Zucchini

600 g Kartoffeln • 2 Zucchini • Butter • Salz • Pfeffer • 1 EL rosa Pfefferkörner • 4 Wachteleier

1. *Die Kartoffeln waschen, schälen und in 1 cm große Würfel schneiden. Die Zucchini in feine Streifen schneiden oder hobeln.*
2. *Die Butter in einer großen Pfanne aufschäumen, darin die Kartoffelwürfel zuerst auf einer Seite stark, dann schwächer anbraten, salzen und pfeffern. Nach etwa 5 Minuten den rosa Pfeffer zugeben und kurz vor Ende der Garzeit die Zucchinistreifen nur noch unterheben.*
3. *In einer Pfanne wenig Butter aufschäumen, darin die Wachteleier braten und nur leicht würzen. Die Würfelkartoffeln auf vorgewärmten Tellern anrichten und das Wachtelei anlegen.*

Kartoffeln im Wirsingmantel

500 g Kartoffeln • 1 Eigelb • Salz • Pfeffer • Muskatnuß • 4 große Wirsingblätter • 6 Tomaten • 1 kleine Zwiebel • Butter • 1 TL Tomatenmark

1. *Die Kartoffeln ungeschält in leicht gesalzenem Wasser kochen, abgießen, ausdampfen lassen und schälen. Die noch warmen Kartoffeln durch ein Sieb streichen, das Eigelb unterrühren, abschmecken und erkalten lassen.*

2. *Die Wirsingblätter blanchieren, abschrecken und trockentupfen. Die Tomaten häuten und eine Tomate filieren.*

3. *Die Zwiebel fein schneiden und mit den ganzen Tomaten in Butter anschwitzen. Das Tomatenmark zugeben, zerkochen lassen, passieren und abschmecken.*

4. *Die Wirsingblätter mit der Kartoffelmasse bestreichen, einige Streifen der Tomatenfilets hineinlegen und fest zusammenrollen. Für 1 Stunde in den Kühlschrank stellen.*

5. *Die abgekühlte Tomatensauce auf Tellern verteilen, die „Kartoffeln im Wirsingmantel" aufschneiden und anlegen.*

Kartoffelsalat

750 g kleine Kartoffeln • 1 Zwiebel • 1 Knoblauchzehe • 1 Bund Schnittlauch • Essig • Öl • Salz • Pfeffer

1. Die Kartoffeln ungeschält in leicht gesalzenem Wasser kochen, abgießen, etwas ausdampfen und erkalten lassen. Die Kartoffeln pellen und in etwa 2 mm dicke Scheiben schneiden.
2. Die Zwiebel und die Knoblauchzehe schälen und fein schneiden. Den Schnittlauch in Röllchen schneiden. Alles zusammen zu den Kartoffelscheiben geben, mit den übrigen Zutaten abschmecken, vorsichtig vermischen und auf Tellern verteilen.

Kartoffelsuppe in Grün

400 g Kartoffeln • 2 Zwiebeln • 2 Knoblauchzehen • Butter • 1 Bund glatte Petersilie • 200 ml Sahne • 1 Eigelb • Salz • Pfeffer • Muskatnuß

1. Die Kartoffeln, die Zwiebeln und den Knoblauch schälen und würfeln. Wenig Butter in einem Topf schmelzen, darin die Kartoffeln, Zwiebeln und Knoblauch angehen lassen.
2. Mit 1 Liter kaltem Wasser auffüllen, aufkochen und garen lassen. Alles durch ein Sieb streichen oder mit dem Stabmixer pürieren.
3. Die Petersilie waschen, einige schöne Blättchen aufheben und den Rest mit der Hälfte der Sahne aufmixen. Die übrige Sahne steif schlagen und das Eigelb vorsichtig unterziehen.
4. Die Suppe mit dem Petersilienpüree aufkochen, abschmecken, die Sahne-Eigelb-Mischung zugeben und unter Rühren aufwallen lassen. Die Kartoffelsuppe in vorgewärmte Suppenteller füllen und die zurückbehaltene Petersilie anlegen.

Schupfnudeln mit Salbei

750 g Kartoffeln • 1 Ei • Kartoffelmehl • Salz • Pfeffer • Muskatnuß • 2 Knoblauchzehen • 1 Bund Salbei • Butter

1. *Die Kartoffeln ungeschält in leicht gesalzenem Wasser kochen, abgießen und ausdampfen lassen. Die Kartoffeln pellen und durch ein Sieb drücken.*
2. *Das Ei unterrühren und soviel Kartoffelmehl zugeben, bis die Masse nicht mehr an den Fingern haften bleibt. Mit den Gewürzen abschmecken.*
3. *In einem großen Topf reichlich leicht gesalzenes Wasser zum Kochen bringen. In der Zwischenzeit aus der Kartoffelmasse eine mokkalöffelgroße Menge abnehmen und daraus mit bemehlten Händen Schupfnudeln formen. Die Masse so vollständig verarbeiten und die Schupfnudeln auf einem bemehlten Blech sammeln.*
4. *Die Schupfnudeln in das kochende Wasser geben und bei etwa 90° C 4 bis 5 Minuten garen – nicht kochen – lassen. 4 Eßlöffel Butter in einer Pfanne aufschäumen, darin den feingeschnittenen Knoblauch und die abgezupften Salbeiblätter bräunen.*
5. *Die Schupfnudeln aus dem Wasser nehmen, abtropfen lassen, auf vorgewärmten Tellern verteilen und die Salbeibutter darüber verteilen.*

Kümmelkartoffeln

1 kg Kartoffeln • je 150 g Karotte, Sellerie und rote Bete • Butter • 1 TL Kümmel • Salz • Pfeffer

1. *Die Kartoffeln schälen und mit einem Kugelausstecher Kugeln aus den Kartoffeln herauslösen. Das Gemüse putzen und mit einem kleineren Kugelausstecher Perlen herauslösen.*
2. *Die Kartoffelkugeln und nacheinander die Gemüseperlen in leicht gesalzenem Wasser blanchieren, herausnehmen und abtropfen lassen.*
3. *Butter in einer Pfanne aufschäumen, die Kartoffelkugeln zugeben und goldbraun braten. Sobald sie gar sind, die Gemüseperlen, ohne die roten Bete, die extra erhitzt werden, und den Kümmel zugeben, erhitzen, abschmecken und auf vorgewärmten Tellern anrichten.*

Püree von Süßkartoffeln

750 g Bataten • Salz • Pfeffer • Butter • 1 Bund Petersilie • 1 Knoblauchzehe • 2 Äpfel

1. *Die Bataten schälen und in leicht gesalzenem Wasser garen, abgießen und durch ein Sieb drücken. Mit Salz und Pfeffer abschmecken und 1 Eßlöffel Butter unterrühren.*
2. *Die Petersilie waschen und fein schneiden. Die Knoblauchzehe schälen und ebenfalls fein schneiden. Die Äpfel waschen, in Spalten schneiden und das Kerngehäuse entfernen.*
3. *Die Apfelspalten in Butter braten, herausnehmen und auf vorgewärmten Tellern mit dem Batatenpüree anrichten. In derselben Pfanne die Petersilie und den Knoblauch mit wenig Butter erhitzen und zum Püree geben.*

KOHL UND BLATTGEMÜSE

Noch unbeschriebene Blätter sind die zartgelben, kräftig grünen und violetten Gemüse, die frisch in unserer Naturküche eintreffen. Sie haben ihre zarten, aber auch ihre groben Seiten, einmal mit feiner Struktur, dann mit beinahe künstlerischer Prägung.

Wie ein Schreiber jedem einzelnen Blatt Papier durch seine Schrift und seine Ideen einen bestimmten Charakter verleiht, so kann man auch grünen Blättern durch Zubereiten und Anrichten eine individuelle Ausstrahlung geben.

Sei es, daß Sie pikante Füllungen gekonnt in ein Gericht verwickeln oder die Blätter selbst als Streifen oder Rauten in das Menü einmischen – immer haben Sie die Möglichkeit, Ihre eigene Handschrift durchzusetzen. Einige Anregungen haben wir im folgenden Kapitel zu Papier gebracht.

Lassen Sie sich inspirieren!

Salat von Brokkoli und Blumenkohl

Je 300 g Blumenkohl und Brokkoli • 1 kleine rote Bete • 1 kleine Schalottenzwiebel • 2 EL Walnüsse • 1–2 Zitronen • Walnußöl • Salz • Pfeffer

1. *Den Blumenkohl und den Brokkoli in kleine Röschen zerteilen. In leicht gesalzenem Wasser blanchieren, abschrecken und abtropfen lassen.*
2. *Die rote Bete schälen und in feinste Streifen, die Schalottenzwiebel in Würfelchen schneiden. Die Walnüsse mit einem Messer grob zerteilen.*
3. *Aus den Schalottenzwiebeln, den Nüssen, dem Saft einer Zitrone, dem Öl, Salz und Pfeffer eine Marinade zubereiten.*
4. *Die Blumenkohl- und Brokkoliröschen auf Tellern anrichten. Die Salatmarinade und die Rote-Bete-Streifen darauf verteilen. Dünne Zitronenscheibchen anlegen.*

Weißkohlsalat mit Schweinefleisch

1 Weißkohl • 2 Zwiebeln • Zitronensaft • Olivenöl • Salz • Pfeffer • 400 g Schweinefleisch aus der Keule • Kümmel

1. *Die äußeren Blätter des Weißkohls entfernen, den Kopf vierteln und den Strunk herausschneiden. Den Kohl sehr fein schneiden oder hobeln.*

2. *Die Zwiebeln fein schneiden und zum Weißkohl geben. Mit Zitronensaft, Öl, Salz und Pfeffer abschmecken.*

3. *Das Schweinefleisch von Fett und Sehnen befreien und in gröbere Streifen schneiden.*

4. *Wenig Öl in einer großen Pfanne erhitzen. Das Fleisch mit Salz und Pfeffer würzen, stark auf einer Seite anbraten und auf ein Sieb geben.*

5. *Den Weißkrautsalat auf Tellern verteilen, das Fleisch zugeben und mit Kümmel bestreuen.*

Blumenkohlterrine mit Krebssahne

½ l fassende, abgerundete Terrinenform; 1 Tag Vorbereitung

300 g Blumenkohl • 100 ml Milch • 100 ml Sahne • 3 Eier • Salz • Pfeffer • Muskatnuß • Butter • 1 EL Krebsbutter • 100 ml Crème fraîche • 50 ml Sahne • einige Kerbelblättchen • wenig Zitronensaft

1. *Die Blumenkohlröschen so fein zerzupfen wie es geht. In leicht gesalzenem Wasser weich kochen und sofort kalt abschrecken. Sie sollten jedoch nicht auseinanderfallen.*
2. *Die Milch mit der Sahne und den Eiern verquirlen und mit den Gewürzen abschmecken.*
3. *Die Terrinenform mit wenig Butter einfetten und die Blumenkohlröschen hineingeben. Mit der Eiermilch übergießen und im Wasserbad im Backofen bei 175° C etwa 40 Minuten stocken lassen. Nach Möglichkeit über Nacht, mindestens aber 6 Stunden, auskühlen lassen.*
4. *Vor dem Anrichten die Krebssahne zubereiten. Hierzu die Krebsbutter bei gelinder Hitze schmelzen, Crème fraîche und Sahne zugeben und unter Rühren erhitzen. Mit Pfeffer und Salz abschmecken und eventuell einige Tropfen Zitronensaft zugeben.*
5. *Über den Rücken der Terrinenform heißes Wasser laufen lassen und dann auf eine Unterlage stürzen. Vor dem Anschneiden nochmals für 30 Minuten kalt stellen.*
6. *Die Blumenkohlterrine mit einem in heißes Wasser getauchten Messer in 2 cm dicke Stücke schneiden. Mit der Krebssahne und den Kerbelblättchen anrichten.*

Rosenkohlgemüse

Rosenkohl mit Pfifferlingen

500 g Rosenkohl • 150 g Pfifferlinge • 2 Karotten • 1 kleine Zwiebel • 1 Knoblauchzehe • Butter • Salz • Pfeffer

**1.** Den Rosenkohl waschen, die äußeren Blätter entfernen und am Ende über Kreuz einschneiden. Die Röschen in leicht gesalzenem Wasser blanchieren, abschrecken und abtropfen lassen.
**2.** Die Pilze von Schmutz und den Wurzelenden befreien, jedoch nicht waschen.
**3.** Die Karotten, die Zwiebel und den Knoblauch in feine Würfel schneiden.
**4.** Den Rosenkohl in wenig Butter erhitzen, die Karotten, die Zwiebel und den Knoblauch zugeben, abschmekken und stark erhitzen. Zum Schluß die Pfifferlinge zugeben, nochmals nachwürzen und etwa 2 Minuten weitergaren. Zum Schluß etwas Butter einarbeiten und das Gemüse anrichten.

Rosenkohl mit Kalbsleber

500 g Rosenkohl • 300 g Kalbsleber • 1 Schalottenzwiebel • 1 kleiner Bund Petersilie • Butter • Salz • Pfeffer • 100 g Pinienkerne

1. Den Rosenkohl waschen und die äußeren Blättchen entfernen. Die Röschen halbieren, anschließend in leicht gesalzenem Wasser blanchieren, abschrecken und abtropfen lassen.
2. Die Leber häuten, in gröbere Würfel schneiden. Die Schalottenzwiebel und die Petersilie fein schneiden.
3. Wenig Butter in einer Pfanne aufschäumen lassen, die Leber salzen, pfeffern und darin anbraten.
4. Den Rosenkohl mit der Schalotte in wenig Butter erhitzen, abschmecken und die Petersilie zugeben.
5. Beginnt die Leber zu bräunen, die Pinienkerne zugeben und kurz mitrösten. Die Leber zum Rosenkohl geben und vorsichtig vermischen, etwas Butter einarbeiten und anrichten.

Rosenkohlblätter in Sahne

400 g Rosenkohl • je 1 rote und gelbe Paprikaschote • 1 kleine Schalottenzwiebel • 150 ml Sahne • 1 Eigelb • Butter • Salz • Pfeffer

1. Den Rosenkohl waschen und in einzelne Blättchen zerlegen. Diese in leicht gesalzenem Wasser blanchieren. Die Paprikaschote in feine Würfel schneiden und blanchieren. Die Schalotte fein schneiden.
2. 100 ml Sahne steif schlagen und mit dem Eigelb vermischen.
3. Die Schalottenzwiebel in wenig Butter angehen lassen, die Rosenkohlblätter und die Paprikawürfel zugeben, abschmecken und die restlichen 50 ml Sahne zugeben. Kurz und stark erhitzen, das Sahne-Eigelb-Gemisch zugeben, nochmals erhitzen und anrichten.

Spinatsuppe mit Wachtelei

400 g Blattspinat • 1 Zwiebel • 1 Knoblauchzehe • 200 ml Sahne • 1 Eigelb • Salz • Pfeffer • Muskatnuß • Essig • 4 Wachteleier • Butter • einige Blättchen glatte Petersilie

1. *Die Stiele des Spinats entfernen, verlesen, waschen, in leicht gesalzenem Wasser blanchieren und abschrecken. Die Zwiebel und den Knoblauch in feinste Würfelchen schneiden.*
2. *Den Spinat in einem Mixer sehr fein pürieren und nach und nach die Hälfte der Sahne zugeben.*
3. *Die restliche Sahne steif schlagen und mit dem Eigelb vermischen und mit den Gewürzen abschmecken.*
4. *Etwa 1 l Wasser mit wenig Essig aufkochen. Die Wachteleier pochieren, das heißt einzeln in eine Suppenkelle schlagen, in das Wasser gleiten und kurz anstocken lassen.*
5. *Die Zwiebel und den Knoblauch mit wenig Butter erhitzen, das Spinatpüree zugeben und aufkochen, eventuell noch wenig Wasser zugeben, abschmecken und mit dem Sahne-Eigelb-Gemisch kräftig aufkochen.*
6. *Die Suppe in vorgewärmte Teller geben und je ein Wachtelei hineinsetzen. Die Petersilie anlegen.*

Chinakohl mit Poulardenbrust

1 Chinakohl • 1 kleine rote Paprikaschote • 1 Zwiebel • 2 Poulardenbrüste • Salz • Pfeffer • Butter

1. *Den Chinakohl in einzelne Blätter zerlegen, waschen und diese in 1 cm breite Streifen schneiden. Die Paprikaschote waschen, vierteln, entkernen und in Rauten schneiden. Die Zwiebel fein würfeln.*

2. *Die Poulardenbrüste von Fett und Sehnen befreien, würzen und auf der Hautseite ohne Fettzugabe anbraten. Auf jeder Seite etwa 3 Minuten braten. Die Brust aus der Pfanne nehmen, in Alufolie wickeln und warm halten.*

3. *Wenig Butter in einer Pfanne zerlassen, darin die Zwiebel und Paprika erhitzen. Den Chinakohl zugeben, abschmecken und weiter erhitzen, dabei die Pfanne nicht bewegen und das Gemüse bei starker Hitze fertig garen.*

4. *Nach etwa 2 Minuten 2 Eßlöffel Butter unter das Gemüse rühren. Auf vorgewärmten Tellern anrichten und die aufgeschnittene Poulardenbrust anlegen.*

Brokkolisuppe

400 g Brokkoli • 1 Zwiebel • 1 Knoblauchzehe • Butter • Salz • Pfeffer • Muskatnuß • 100 ml Sahne • 1 Eigelb • 2 Scheiben Vollkorntoast

1. *Den Brokkoli waschen, zerkleinern und in leicht gesalzenem Wasser weich kochen, abschrecken, abtropfen lassen und in einem Mixer fein pürieren.*
2. *Die Zwiebel und die Knoblauchzehe fein schneiden. Mit wenig Butter in einem Topf andünsten, das Brokkolipüree zugeben und erhitzen, abschmecken und etwa ½ l Wasser zugeben.*
3. *Die Sahne steif schlagen und das Eigelb unterziehen. Den Toast von der Kruste befreien und in wenig Butter goldgelb rösten.*
4. *Die Suppe mit der Sahne-Eigelb-Mischung aufkochen, nochmals abschmecken und mit den gerösteten Toastwürfeln in vorgewärmte Teller geben.*

Kohlsalat „rot-weiß"

1 kleiner Rotkohl • 1 kleiner Weißkohl • Sonnenblumenöl • Weißweinessig • Salz • Pfeffer

1. Den Rot- und den Weißkohl vierteln, den Strunk entfernen und sehr fein schneiden oder hobeln.
2. Den Salat in einer Schüssel mit Öl, Essig, reichlich Salz und Pfeffer anmachen, auf Teller verteilen und sofort servieren.

Wirsingsalat

1 kleiner Wirsing • 1 Karotte • 2 Tomaten • 1 Zwiebel • Öl • Weißweinessig • Salz • Pfeffer

1. Den Wirsing in gröbere Streifen schneiden und in leicht gesalzenem Wasser blanchieren, abschrecken und abtropfen lassen. Die Karotte schälen und in 1 cm breite Streifen schneiden, diese ebenfalls blanchieren.
2. Die Tomaten über Kreuz einschneiden, kurz blanchieren, abschrecken und die Haut abziehen, entkernen und in Streifen schneiden. Die Zwiebel fein würfeln.
3. Alle Zutaten vorsichtig miteinander vermischen. Mit Öl, Essig, Salz und Pfeffer abschmecken und auf Tellern anrichten.

Salat von Grünkohl

500 g junger Grünkohl • 4 Tomaten • 3 EL Pinienkerne • 4 Scheiben Vollkorntoast • Butter • 1 Knoblauchzehe • Nußöl • Himbeeressig • Salz • Pfeffer

1. *Den Grünkohl von den dickeren Stielen befreien und in leicht gesalzenem Wasser etwa 3 Minuten kochen, abschrecken und abtropfen lassen.*
2. *Die Tomaten häuten und filieren. Die Pinienkerne ohne Öl anrösten und leicht salzen.*
3. *Das Brot von der Kruste befreien, zu Dreiecken schneiden und mit wenig Butter und einer feingeschnittenen Knoblauchzehe rösten. Aus dem Öl, dem Essig, Salz und Pfeffer eine Salatsauce zubereiten.*
4. *Den Grünkohl, die Tomatenfilets, die Pinienkerne und die getoasteten Brotscheiben anrichten. Die Salatsauce extra servieren.*

Blumenkohlsalat

1 kleiner Blumenkohl • 200 g Buschbohnen • 3 EL Pistazien • 4 Scheiben Vollkorntoast • Estragonessig • Sojaöl • Salz • Pfeffer • 1 Knoblauchzehe • Butter

1. *Den Blumenkohl in kleine Röschen zerteilen, die Buschbohnen in 0,5 cm große Stücke schneiden. Die Pistazien ohne Öl anrösten und leicht salzen. Den Toast von der Kruste befreien und die Scheiben in schmale Streifen schneiden.*
2. *Aus dem Essig, dem Öl, Salz und Pfeffer eine Salatsauce zubereiten. Den Blumenkohl und die Buschbohnen getrennt blanchieren.*
3. *Die Knoblauchzehe fein schneiden, mit den Toaststreifen und wenig Butter bräunen. Den Blumenkohl, die Bohnen und die Pistazien zusammen mit den Toaststreifen anrichten. Die Salatsauce extra reichen.*

Brokkolitaler in Käsesauce

500 g Brokkoli • 1 Ei • 2 altbackene Brötchen • 150 ml Sahne • 1 Eigelb • 200 g Emmentaler • Butter • Salz • Pfeffer

1. *Den Brokkoli in leicht gesalzenem Wasser weichkochen, abschrecken und abtropfen lassen. In einem Mixer zusammen mit dem Ei fein pürieren.*

2. *Die Brötchen reiben, die Brokkolimasse damit festigen und diese auf ein gebuttertes Blech etwa 1,5 cm dick auftragen. 100 ml Sahne steif schlagen und das Eigelb unterziehen. Den Emmentaler fein reiben und 150 g mit der restlichen Sahne bei gelinder Hitze schmelzen.*

3. *Aus der Brokkolimasse mit einem Ausstecher Kreise ausstechen, auf ein gebuttertes Backblech legen und bei 175° C im Backofen erhitzen.*

4. *Die Käsesahne mit der Sahne-Eigelb-Mischung aufwallen lassen, abschmecken, auf vorgewärmte Teller verteilen und die Brokkolitaler und den restlichen Käse anlegen.*

Blumenkohl in Safransauce

1 Blumenkohl • 200 ml Sahne • 1 Eigelb • 1 kleine Schalottenzwiebel • 2 Briefchen Safranpulver • Butter • Salz • Pfeffer • Muskatnuß

1. *Den Blumenkohl in Röschen zerteilen und in leicht gesalzenem Wasser blanchieren, abschrecken und abtropfen lassen.*
2. *Die Hälfte der Sahne steif schlagen und das Eigelb unterziehen. Die Schalottenzwiebel fein schneiden und mit dem Safranpulver in wenig Butter erhitzen, die restliche Sahne zugeben, aufkochen und abschmecken.*
3. *Die Blumenkohlröschen mit wenig Butter erhitzen, abschmecken und auf vorgewärmten Tellern verteilen. Die Safransauce mit der Sahne-Eigelb-Mischung aufwallen lassen und erneut abschmecken. Die Sauce an die Blumenkohlröschen gießen.*

Kohlrabigemüse in Sahne

4 Kohlrabi • 1 Bund Petersilie • 1 Zwiebel • 200 ml Sahne • 1 Eigelb • Butter • Salz • Pfeffer • Muskatnuß

1. *Die Kohlrabi schälen und in 0,5 cm dicke Streifen schneiden. Diese blanchieren, abschrecken und abtropfen lassen.*
2. *Die Petersilie waschen und fein schneiden. Die Zwiebel fein würfeln. Die Hälfte der Sahne steif schlagen und das Eigelb unterziehen.*
3. *Die Kohlrabi mit der Zwiebel in wenig Butter erhitzen, die restliche Sahne zugeben und aufkochen. Mit den Gewürzen abschmecken, die Sahne-Eigelb-Mischung und die Petersilie zugeben und nochmals aufwallen lassen. Auf vorgewärmten Tellern anrichten.*

Sauerkraut im Kraut

500 g Sauerkraut • 2 rote Pfefferschoten • etwas Olivenöl • Salz • Pfeffer • 3 Bund Schnittlauch • 2–4 große Weißkohlblätter • 200 ml Crème fraîche • Essig • wenig Sahne • 1 kleine rote Bete

1. *Das Sauerkraut mit den Pfefferschoten, Olivenöl, Salz und Pfeffer vermischen.*

2. *Von dem Schnittlauch einige schöne Halme aufheben, den Rest fein schneiden. Die Hälfte zu dem Sauerkraut geben.*

3. *Die Weißkohlblätter blanchieren, abschrecken und ausbreiten. Mit dem Sauerkraut belegen, fest zusammenrollen, so daß die vorhandene Flüssigkeit herauslaufen kann. Diese abgießen und die Sauerkrautrolle mindestens 2 Stunden gut kühlen.*

4. *Aus dem restlichen Schnittlauch, der Crème fraîche, Olivenöl, Salz, Pfeffer, Essig und wenig Sahne eine Sauce rühren.*

5. *Die rote Bete schälen, in feinste Streifen schneiden und auf kalte Teller legen.*

6. *Die Sauerkrautroulade in 1–2 cm dicke Scheiben schneiden und mit der Sauce auf den Tellern verteilen.*

Mangoldscholle

500 g junger Mangold • 300 g Schollenfilet • 200 ml Sahne • 1 Ei • 3 Tomaten • Butter • Salz • Pfeffer • 1 Eigelb

1. *Den Mangold verlesen, waschen, blanchieren, abschrecken und abtropfen lassen.*
2. *100 g Schollenfilet im Mixer fein pürieren und anfrosten. 75 ml Sahne mit dem Ei verquirlen und diese Mischung nach und nach mit dem angefrosteten Schollenfilet aufmixen.*
3. *Die restlichen Schollenfilets flachklopfen und je ein Filet auf ein Mangoldblatt legen. Die Tomaten häuten und filieren.*
4. *Die Schollen-Sahne-Mischung auf den Schollenfilets verteilen, einige Tomatenfilets in die Farce drücken und das Mangoldblatt zusammenrollen.*
5. *Die Magoldrollen mit der Nahtseite nach unten in eine gebutterte Pfanne setzen, den Boden gerade mit Wasser benetzen und mit einem Deckel verschließen. Die Pfanne stark erhitzen und die Rollen bei gelinder Hitze etwa 12 Minuten garen.*
6. *Den restlichen Mangold fein schneiden, mit wenig Butter erhitzen, würzen und zum Schluß die übrigen Tomatenfilets unterheben. Das Gemüse auf vorgewärmten Tellern verteilen.*
7. *Die Mangoldscholle aufschneiden und an das Gemüse legen. Die restliche Sahne mit dem Eigelb vermischen, den Fischfond rasch einkochen und dem Sahne-Eigelb-Gemisch aufwallen lassen, abschmekken und auf den Tellern verteilen.*

Salat von Chinakohl

1 kleiner Chinakohl • 4 rote Zwiebeln • 1 kleine Schalottenzwiebel • 1 kleine Knoblauchzehe • Haselnußöl • Weißweinessig • Salz • Pfeffer

1. Den Chinakohl in einzelne Blätter zerlegen, waschen und in feine Streifen schneiden. Die roten Zwiebeln halbieren und ebenfalls in Streifen schneiden.
2. Die Schalottenzwiebel und den Knoblauch fein schneiden und mit dem Haselnußöl, dem Weißweinessig, Salz und Pfeffer zu einer Marinade verrühren.
3. Alle Zutaten locker miteinander vermischen und auf Tellern anrichten.

Blattspinattimbale

750 g Blattspinat • 300 g Eglifilet (Flußbarsch) • 1 Ei • 250 ml Sahne • Curry • Salz • Pfeffer • Muskatnuß • Cayennepfeffer • 1 Eigelb • Butter

1. Den Blattspinat verlesen, waschen und in leicht gesalzenem Wasser blanchieren, abschrecken und abtropfen lassen.
2. Das Eglifilet fein schneiden und anfrosten. Das Ei mit 100 ml Sahne aufmixen. Das Eglifilet im Mixer fein pürieren, nach und nach die eiskalte Sahne-Ei-Mischung einmixen und mit den Gewürzen abschmecken.
3. Mit 1 Teelöffel die Masse zu kleinen Klößchen formen und diese in leicht gesalzenem Wasser bei etwa 90° C garziehen lassen.
4. 100 ml Sahne steif schlagen und mit dem Eigelb verrühren. 1 Teelöffel Butter in einem kleinen Topf zerlassen, darin 1 Teelöffel Currypulver angehen lassen, mit der restlichen Sahne aufkochen.
5. Den Spinat mit wenig Butter erhitzen, in ausgebutterte Timbaleförmchen füllen und andrücken.
6. Die Currysauce mit der Sahne-Eigelb-Mischung aufwallen lassen, abschmecken und auf vorgewärmten Tellern verteilen. Die Spinattimbale daraufstürzen und die Egliklößchen anlegen.

WURZEL- UND FRUCHTGEMÜSE

Sie sollten als Gast nicht fehlen, denn in der illustren Gesellschaft der Wurzelmännchen und zarten Früchte werden Sie sich sicher köstlich amüsieren. Die wichtigsten Persönlichkeiten haben sich bereits eingefunden. Da wäre zunächst Madame Aubergine. Die etwas füllige alte Dame verweilt allzu gern am kalten Buffet und wartet nur darauf, von der geschwätzigen Möhre den neuesten Klatsch aufzuschnappen.

Ganz verlegen nähert sich der beleibte Kürbis den verlockenden Köstlichkeiten und greift verstohlen zu einem Canapé. Ach wäre er doch so schlank und hübsch wie die Zucchini, die soeben den Raum betreten.
Nun wird es turbulent am kalten Buffet. Die Tomate und die Navetten sind eingetroffen und müssen wie immer der Mittelpunkt sein. Entrüstet über soviel Aufhebens, tritt die Steckrübe den Rückzug an und findet sofort in der von Wolken schweren Parfüms umzogenen Sellerie eine Verbündete.
Die Stimmung hat ihren Höhepunkt erreicht, und die ersten Gäste treten bereits den Heimweg an. Es war schön, sie alle mal wieder zu treffen. Im Gästebuch bleibt die Stimmung eingefangen, und es ist immer ein Vergnügen, sie nachzulesen…

Willkommen zur Gemüseparty

Zucchinigemüse mit Basilikum

500 g Zucchini • 1 Bund Basilikum • 3 Tomaten • 1 kleine Schalottenzwiebel • 1 Knoblauchzehe • Olivenöl • Salz • Pfeffer

1. *Die Zucchini waschen, in 5 cm lange und 0,5 cm breite Streifen schneiden. Das Basilikum waschen und die Blättchen von den Stielen zupfen. Einige schöne Blättchen zur Dekoration zurücklegen, den Rest fein schneiden.*
2. *Die Tomaten häuten, entkernen und in Würfel schneiden. Die Schalottenzwiebel und die Knoblauchzehe fein schneiden und in wenig Olivenöl anschwitzen.*
3. *Die Zucchini zugeben, salzen und pfeffern. Stark erhitzen, zum Schluß das feingeschnittene Basilikum zugeben und vorsichtig vermischen.*
4. *Das Gemüse auf Tellern anrichten und mit den zurückbehaltenen Basilikumblättchen belegen.*

Zucchinigemüse mit Fenchel und Spargelspitzen

4 kleine Zucchini • 1 Fenchelknolle • 4 Lauchzwiebeln • 8 Stangen weißer Spargel • 1 Bund Kerbel • 1 kleine Schalottenzwiebel • Butter • Salz • Pfeffer • Muskatnuß

1. *Die Zucchini waschen, der Länge nach vierteln und wenig des inneren Kerngehäuses entfernen. Die Zucchinistreifen in Rauten schneiden.*
2. *Den Fenchel waschen und achteln. Dabei darf die Knolle nicht auseinanderfallen.*
3. *Die Lauchzwiebeln waschen, die Wurzeln abschneiden und je nach Größe halbieren oder ganz lassen.*
4. *Den Spargel schälen und schräg in 3 cm große Stücke schneiden.*
5. *Den Spargel, die Lauchzwiebeln und die Fenchelstücke nacheinander in leicht gesalzenem Wasser blanchieren und abschrecken.*
6. *Den Kerbel waschen, von den Stielen zupfen und ¾ davon fein schneiden.*
7. *Die Schalottenzwiebel fein würfeln. Wenig Butter in einer Pfanne schmelzen, darin die Schalottenzwiebeln angehen lassen. Die Zucchini und das übrige Gemüse zugeben, stark erhitzen, dabei die Pfanne nicht bewegen.*
8. *Mit den Gewürzen abschmecken, den feingeschnittenen Kerbel zugeben. Einige Eßlöffel Wasser hinzufügen, stark aufkochen und mit etwa 2 Eßlöffeln nicht zu kalter Butter binden, eventuell nachwürzen.*
9. *Das Zucchinigemüse auf vorgewärmten Tellern anrichten und mit Kerbelblättchen belegen.*

Auberginen auf Rosa

Auberginentimbale

1 mittelgroße Aubergine • wenig Butter • Pfeffer • Salz • 1 kleine Schalottenzwiebel • 1 Knoblauchzehe • Kerbel und Schnittlauch • 100 g Brösel von Vollkorntoast • 1 Ei • wenig Butter für die Förmchen • einige Friséesalat- und Lollo-Rosso-Blätter • Olivenöl • Essig

1. *Die Aubergine waschen und in feine Würfel schneiden. Etwas Butter in einem Topf aufschäumen lassen, darin die Auberginenwürfel kräftig anschwitzen. Mit Pfeffer und Salz abschmecken.*
2. *Die Schalottenzwiebel und den Knoblauch fein schneiden, zu den Auberginenwürfeln geben, anschwitzen und die Flüssigkeit verdampfen lassen.*
3. *Einen Teil der Kräuter fein schneiden. Die Brösel, das Ei und je 1 Eßlöffel feingeschnittene Kräuter mit den Auberginen mischen. Nochmals abschmecken. Die Masse sollte keine Flüssigkeit mehr aufweisen.*
4. *Die Förmchen mit Butter einfetten und die Auberginenmasse einfüllen. Im Backofen bei 175° C etwa 15 Minuten garen.*
5. *In der Zwischenzeit den Salat verlesen und auf den Tellern anrichten. Aus Olivenöl, Essig, Salz und Pfeffer eine Marinade zubereiten.*
6. *Die Auberginentimbale stürzen und auf die Teller setzen, mit Kräutern bestreuen und die Sauce darüberträufeln.*

Panierte Auberginenscheiben

2 kleine Auberginen • 3 kleine Zitronen • Salz • Pfeffer • wenig Weizenmehl • 2 EL Petersilie • 2 Eier • feine Brösel von Sauerteigbrot • Butter • 2 EL geriebener Parmesan

1. *Die Auberginen waschen und in 1 cm dicke Scheiben schneiden. Mit einem Juliennereißer von 2 Zitronen feinste Streifen abziehen und zurücklegen. Die Auberginenscheiben mit Zitronensaft beträufeln, mit Salz und Pfeffer würzen.*
2. *Die Scheiben in dem Mehl wenden. Die Petersilie fein schneiden. Die Eier verquirlen und mit 1 Eßlöffel Petersilie vermischen. Die Auberginenscheiben zuerst in der Eimasse, dann in den Sauerteigbröseln wenden.*
3. *Butter in einer Pfanne erhitzen, darin die panierten Auberginenscheiben auf beiden Seiten anbraten.*
4. *Die Auberginenscheiben auf vorgewärmten Tellern, mit geachtelten Zitronenstücken, der restlichen Petersilie, dem Parmesan und den feinen Zitronenjulienne anrichten.*

Auberginen mit Shrimps

2 kleine Auberginen • ¼ Staudensellerie • 12 schwarze Oliven • 1 kleine Schalottenzwiebel • Olivenöl • Salz • Pfeffer • 2 Tomaten • 1 EL kleine Kapern • 120 g Shrimps • 1 EL Pinienkerne

1. *Die Auberginen in feinste Würfel schneiden. Den Staudensellerie waschen und in ½ cm dicke Stücke schneiden. Die Oliven entkernen und in feine Würfel schneiden.*
2. *Die Schalottenzwiebel fein schneiden. Wenig Olivenöl in einer Pfanne erhitzen, darin die Auberginenwürfel, den Staudensellerie und die Schalottenzwiebeln mit den Oliven anschwitzen. Die Flüssigkeit verdampfen lassen und mit Pfeffer und Salz abschmecken.*
3. *Die Tomaten häuten und filieren, in Würfel schneiden und mit den Kapern hinzugeben.*
4. *In einer zweiten Pfanne die abgetropften Shrimps rasch in Olivenöl anbraten. Das Auberginengemüse mit den Shrimps auf vorgewärmten Tellern anrichten und die Pinienkerne darüberstreuen.*

Tomatensalat mit Bohnen und Austernpilzen

4 Tomaten • 150 g Buschbohnen • 125 g kleine Austernpilze • je 50 g Karotte, Lauch, Sellerie und Schalottenzwiebel • 1 TL Senf • Öl • Essig • Salz • Pfeffer • 1 EL Petersilie • wenig Weißwein • 150 g kalter Kalbsbraten

1. *Die Tomaten in dünne Scheiben schneiden. Die Buschbohnen abfädeln und in Salzwasser blanchieren, abschrecken und abtropfen lassen. Die Austernpilze in ihre einzelnen Segmente zerlegen.*
2. *Das Gemüse würfeln, blanchieren und die Hälfte davon mit Senf, Öl, Essig, Salz, Pfeffer, gehackter Petersilie und etwas Weißwein vermischen.*
3. *Die Austernpilze würzen und in wenig Öl anbraten. Auf einem Sieb auskühlen lassen.*
4. *Den Kalbsbraten in dünne Streifen schneiden. Die Tomaten schichtweise mit der einen Hälfte des Gemüses, den Austernpilzen und dem Fleisch auf einem großen Teller oder einer Platte anrichten. Das angemachte Gemüse zuletzt darauf verteilen und die restliche Salatsauce darüberträufeln.*

Gurkengemüse mit Muscheln

2 Salatgurken • 1 Bund Dill • 2 kleine Zwiebeln • 1 kg Pfahl- oder Miesmuscheln • Butter • Salz • Pfeffer

1. *Die Gurken schälen, der Länge nach halbieren, die Kerne herausschneiden und das Fleisch in 1 cm große Rauten schneiden. Die Gurkenrauten in leicht gesalzenem Wasser blanchieren, abschrecken und abtropfen lassen.*

2. *Den Dill von den Stengeln zupfen, einige schöne Zweige zurücklegen, den Rest fein schneiden. Die Zwiebeln in feine Würfel schneiden.*

3. *Die Muscheln waschen und die Bärte entfernen. Ausschließlich geschlossene Muscheln in einem großen Topf sammeln. Die Hälfte der Zwiebeln über den Muscheln verteilen, den Topf verschließen und stark erhitzen. Ohne daß Sie Flüssigkeit zugeben, aufkochen lassen und den Topf dann sofort vom Herd nehmen und warm stellen.*

4. *Wenig Butter in einem Topf zerlassen, die Gurkenrauten und die restlichen Zwiebeln zugeben, würzen und erhitzen. Sobald die vorhandene Flüssigkeit zu kochen beginnt, den Dill zugeben und die Sauce mit einem Eßlöffel Butter binden. Das Gemüse mit den Muscheln auf vorgewärmten Tellern anrichten und den Dill anlegen.*

Salat von Kürbis und Zucchini

400 g Zucchini • 400 g Kürbis • 1 Schalottenzwiebel • 1 Knoblauchzehe • Balsamessig • Olivenöl • Salz • Pfeffer • 2 EL Kürbiskerne • 1 EL rosa Pfefferkörner

1. *Die Zucchini waschen, das Innere des Kürbis herausschneiden und die Schale entfernen. Die Zucchini und den Kürbis in feine Streifen schneiden oder hobeln.*
2. *Die Schalottenzwiebel und den Knoblauch fein schneiden und mit den Zucchini-Kürbis-Streifen locker vermischen.*
3. *Aus Essig, Öl, Salz und Pfeffer eine Marinade zubereiten. Die Zucchini-Kürbis-Streifen auf Tellern verteilen, die Marinade darüberträufeln und zuletzt mit rosa Pfefferkörnern und den Kürbiskernen bestreuen.*

Je 3 gelbe, rote und grüne Paprikaschoten • 1 kleine Schalottenzwiebel • Butter • Salz • Pfeffer

1. *Die Paprikaschote waschen, vierteln, entkernen und in kleine Stücke schneiden.*
2. *Die Paprikastücke getrennt, nacheinander in leicht gesalzenem Wasser blanchieren und mit kaltem Wasser abschrecken. Anschließend getrennt in einem Mixer sehr fein pürieren.*
3. *Die Schalottenzwiebel fein schneiden und in drei kleinen Töpfen mit wenig Butter angehen lassen. Die Paprikapürees getrennt zugeben und aufkochen. Sollte zu wenig Flüssigkeit vorhanden sein, mit wenig Wasser ergänzen, abschmecken und nochmals aufkochen.*
4. *In jede Suppe 1 Eßlöffel nicht zu kalte Butter rühren. Die Suppen in vorgewärmte, tiefe Teller geben.*

Paprikasuppe „gelb-rot-grün“

Selleriesalat

1 Sellerieknolle • 4 EL Öl • Salz • Pfeffer • 1 unbehandelte Zitrone • 1 Bund Schnittlauch

1. *Den Sellerie schälen, achteln und dann in feinste Scheiben schneiden.*
2. *In der Zwischenzeit ½ l Wasser mit dem Öl, Salz, Pfeffer, dem Saft und der abgeriebenen Schale einer Zitrone aufkochen. Den Sellerie auf einmal zugeben und kräftig aufkochen. Im Garwasser erkalten lassen.*
3. *Sobald der Salat abgekühlt ist, den Schnittlauch fein schneiden. Den Sellerie aus dem Fond nehmen, mit dem Schnittlauch vermischen und anrichten.*

Rote-Bete-Gemüse mit Currysahne

400 g rote Bete • 1 kleine Schalottenzwiebel • 100 ml Sahne • 1 Eigelb • wenig Butter • 1 TL Currypulver • Salz • Pfeffer

1. *Die roten Bete schälen und in feinste Streifen schneiden. Die Schalottenzwiebel fein würfeln. Die Sahne steif schlagen und mit dem Eigelb verrühren.*
2. *Die Hälfte der Schalottenzwiebel mit wenig Butter erhitzen, das Currypulver zugeben, mit 50 ml Wasser aufkochen und vom Herd nehmen.*
3. *Die restliche Schalottenzwiebel mit den Rote-Bete-Streifen in etwas Butter angehen lassen und würzen. Die rote Bete anrichten. Die Currysauce mit der Sahne-Eigelb-Mischung erhitzen, abschmecken und zu dem Rote-Bete-Gemüse geben.*

Gemüsepüree mit Rindfleisch

500 g Karotten • 400 g weiße Rüben oder Sellerie • 1 Zwiebel • 1 Knoblauchzehe • Butter • 300 g Rinderhüfte • 1 kleiner Bund Schnittlauch • 100 ml Sahne • 1 Eigelb • 3 EL geriebenes Weißbrot • Salz • Pfeffer

1. *Die Karotten, die weißen Rüben, die Zwiebel und den Knoblauch schälen und in Würfel schneiden. Je eine Hälfte der Zwiebel und des Knoblauchs zu den Karotten- und den Rübenwürfeln geben.*

2. *Beide Gemüse getrennt in wenig Butter anschwitzen, soviel Wasser zugeben, daß es gerade bedeckt ist. Das Gemüse weich dünsten, dabei das Wasser verdampfen lassen.*

3. *Das Fleisch in kleine Stücke, den Schnittlauch in Röllchen schneiden. Die Sahne steif schlagen und das Eigelb unterziehen.*

4. *Das Gemüse, sobald es weich ist, getrennt durch ein Sieb drücken oder im Mixer zerkleinern, abschmecken und jeweils mit den Weißbrotbröseln vermischen.*

5. *Das Fleisch mit wenig Butter anbraten und würzen. 4 Eßlöffel Wasser hinzugeben, aufkochen und mit dem Sahne-Eigelb-Gemisch nochmals erhitzen. Den Schnittlauch unterrühren. Die Pürees auf vorgewärmte Teller geben und das Fleisch mit der Sauce hinzugeben.*

Wurzel-Lauch-Gemüse

500 g Steckrüben • 400 g weiße Rüben (Navetten) • 2 Stangen Lauch • Butter • Salz • Pfeffer

1. Die Rüben schälen und in gröbere Würfel schneiden. Den Lauch der Länge nach halbieren, waschen und in 1 cm breite Streifen schneiden.
2. Das Gemüse nacheinander getrennt blanchieren, abschrecken und abtropfen lassen.
3. Butter in einem Topf zerlassen. Darin das Gemüse erhitzen und abschmecken. Das Gericht auf vorgewärmten Tellern anrichten.

Kalte Tomatensuppe

1 kg Tomaten • Salz • Pfeffer • Cayennepfeffer • Schnittlauch • 200 g körniger Frischkäse

1. Die Tomaten in einem Mixer oder mit Hilfe eines Pürierstabes pürieren und anschließend durch ein feines Sieb streichen.
2. Mit den Gewürzen kräftig abschmecken und für 2 Stunden in den Kühlschrank stellen.
3. Den Schnittlauch in feine Röllchen schneiden. Die Suppe mit einem Schneebesen gut durchrühren und in kalte Teller füllen. Je einen Eßlöffel Frischkäse und die Schnittlauchröllchen zuletzt in die Suppe geben.

Karotten-Bohnen-Gemüse

1 kleiner Bund Karotten • 200 g Stangenbohnen • 300 g Erbsen in der Hülse • 100 g Zuckerschoten • 100 g Romanesco (grüner Blumenkohl) • 1 kleine Zwiebel • Butter • Salz • Pfeffer

1. *Die Karotten schälen und etwa 2 cm des Grüns an den Karotten belassen. Achten Sie darauf, daß der Schmutzrand mit einem kleinen Messer sorgfältig ausgeputzt wird.*
2. *Einige Karotten halbieren und in Rauten schneiden, die restlichen ganz lassen. Die Stangenbohnen in 2 cm große Rauten schneiden, die Erbsen aushülsen, die Zuckerschoten abfädeln und den Romanesco in kleine Röschen zerteilen.*
3. *Das Gemüse nacheinander in leicht gesalzenem Wasser blanchieren, abschrecken und abtropfen lassen.*
4. *Die Zwiebel in feine Würfel schneiden. Etwas Butter in einem Topf schmelzen, darin die Zwiebeln angehen lassen, das Gemüse zugeben, abschmecken und kräftig erhitzen. Kurz vor dem Anrichten noch 2 Eßlöffel nicht zu kalte Butter unterrühren, dabei nicht mehr weiter erhitzen. Das Gemüse auf vorgewärmten Tellern anrichten.*

Schwarzwurzelgemüse

800 g Schwarzwurzeln • 4 EL Essig • je 100 g Karotten, Sellerie und Lauch • 100 ml Sahne • 1 Eigelb • Essig • 4 Eier • Butter • 2 EL Crème fraîche • Salz • Pfeffer

1. *Die Schwarzwurzeln waschen, möglichst unter fließendem Wasser schälen. Sofort in 1 cm lange Stücke schneiden und in mit 4 Eßlöffeln Essig vermischtes Wasser legen, um das Anlaufen zu verhindern.*
2. *Die Schwarzwurzelstücke in leicht gesalzenem Wasser etwa 6 Minuten garen. Die Gemüse fein würfeln und kurz blanchieren. Die Sahne steif schlagen und das Eigelb unterziehen.*
3. *1 Liter Wasser mit 2 Eßlöffeln Essig aufkochen, die Eier einzeln in eine Suppenkelle schlagen, hineingleiten lassen und etwa 5 Minuten ziehen lassen, jedoch nicht kochen.*
4. *Die Gemüsewürfelchen mit etwas Butter erhitzen, die Schwarzwurzeln zugeben und abschmecken. Die Crème fraîche mit dem Sahne-Eigelb-Gemisch aufwallen lassen und würzen. Das Schwarzwurzelgemüse mit den pochierten Eiern auf vorgewärmten Tellern anrichten und die Sauce angießen.*

Schwarzwurzeln mit grüner Sauce

800 g Schwarzwurzeln • 1 Schalottenzwiebel • 1 Bund gemischte Kräuter • 150 ml Sahne • 1 Eigelb • Butter • Salz • Pfeffer • Muskatnuß

1. *Die Schwarzwurzeln wie in Rezept Seite 86 beschrieben vorbereiten, jedoch in 3 cm Länge schneiden.*
2. *Die Schalottenzwiebel fein schneiden. Die Kräuter waschen und von den Stielen zupfen. Einige Blättchen zurücklegen, den Rest sehr fein schneiden und mit 50 ml Sahne mixen.*
3. *Die restliche Sahne steif schlagen und mit dem Eigelb verrühren. Die Schalottenzwiebel in wenig Butter glasig dünsten, das Kräuterpüree hinzugeben, mit dem Sahne-Eigelb-Gemisch aufkochen und abschmecken.*
4. *Die grüne Sauce auf vorgewärmte Teller geben, die kurz in Butter geschwenkten Schwarzwurzelstücke darauf verteilen.*

Fenchel mit roter Zwiebelmarmelade

4 Fenchelknollen • 200 g rote Zwiebeln • Butter • 1 EL Rübenkraut • 3 EL Himbeeressig • 8 kleine Lammkoteletts • Salz • Pfeffer

1. Das Fenchelgrün fein schneiden, die Fenchelknollen achteln, blanchieren, abschrecken und abtropfen lassen. Die roten Zwiebeln in grobe Stücke zerteilen.
2. Die Zwiebelstücke mit wenig Butter erhitzen, das Rübenkraut zugeben und leicht karamelisieren lassen. Anschließend mit dem Himbeeressig ablöschen und vom Herd nehmen.
3. Die Lammkoteletts salzen, pfeffern und in wenig Butter auf beiden Seiten 3 Minuten anbraten.
4. Den Fenchel mit etwas Butter erhitzen, das Fenchelgrün zugeben, abschmecken und auf vorgewärmten Tellern anrichten. Die Lammkoteletts anlegen. Die Zwiebelmarmelade aufkochen, 2 Eßlöffel Butter einarbeiten, nicht mehr kochen lassen, nachwürzen und auf den Tellern verteilen.

Stangenbohnengemüse

600 g Stangenbohnen • 1 Zwiebel • 1 Paprikaschote • 1 Apfel • 1 Zucchino • Butter • Salz • Pfeffer

1. *Die Bohnen in Rauten schneiden und in leicht gesalzenem Wasser blanchieren, abschrecken und abtropfen lassen.*
2. *Die Zwiebel und die Paprika in Würfel schneiden. Den Apfel achteln, das Gehäuse entfernen, in kleine Spalten und den Zucchino in Scheibchen schneiden.*
3. *Die Zwiebel und die Paprika mit etwas Butter erhitzen, Bohnen, Zucchino und Apfelspalten zugeben, mit Salz und Pfeffer abschmecken und 1 Eßlöffel Butter einarbeiten. Alles auf vorgewärmten Tellern anrichten.*

PILZE, SPARGEL UND ARTISCHOCKEN

Ein wenig rätselhaft ist das plötzliche Auftauchen der Pilze aus dem Wald- und Wiesenboden schon. Das weitverzweigte Netzwerk ihrer Wurzeln bleibt dem Pilzsucher verborgen, nichts verrät, daß hier in Kürze eine köstliche Ernte zu erwarten ist. Allein sein Instinkt und sein Blick für den geeigneten Standort führt den Kenner in die Pilzpfründe.

Aber nicht nur in Wald und Flur sollten Sie sich auf die Suche nach den braunen und weißen Köstlichkeiten begeben. Auch auf unseren Märkten wird man leicht fündig. Hier schließen sich andere edle Gemüse den zarten Gesellen mit Hut an.
So ungewöhnlich wie die Pilze schießen auch die Sprossen des Spargels aus lockerer Erde hervor und versprechen höchste Genüsse.
Ganz anders die Artischocken. Aus silbrig schimmerndem Laub bringen diese großen Disteln zauberhafte blaue Blüten hervor. Bevor sie jedoch ihre Pracht entfalten, werden die Knospen geerntet und von Feinschmeckern genüßlich zerzupft.

Lassen Sie sich verwöhnen

Spargelsalat

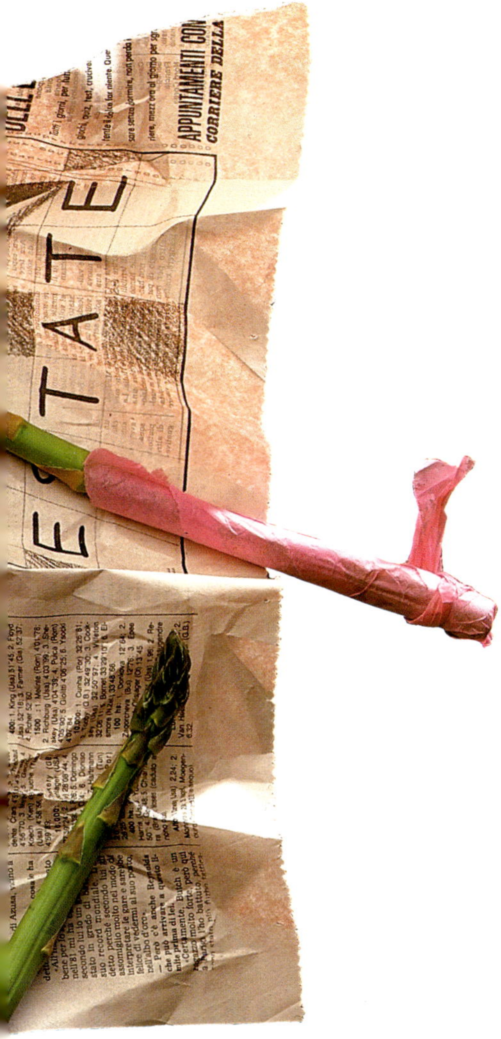

750 g grüner Spargel • 2 Tomaten • 1 kleiner Bund glatte Petersilie • 1 kleine Schalottenzwiebel • Olivenöl • Weißweinessig • Salz • Pfeffer

1. *Die Spargelstangen großzügig vom Stielende befreien und ungeschält schräg in jeweils drei Stücke schneiden.*
2. *Den Spargel in leicht gesalzenem Wasser blanchieren, abschrecken und abtropfen lassen.*
3. *Die Tomaten filieren und die Filets in kleine Rauten oder Würfel schneiden. Einige schöne Blättchen der Petersilie zurücklegen, den Rest fein schneiden. Die Schalottenzwiebel ebenfalls fein würfeln.*
4. *Aus Öl, Essig, Salz, Pfeffer, der geschnittenen Petersilie und der Schalotte eine Marinade zubereiten. Darin den Spargel vorsichtig wenden, alles auf Tellern anrichten und mit der zurückbehaltenen Petersilie belegen.*

Pilz-Zwiebel-Kuchen

100 g Butter • 250 g Weizenmehl • ½ Würfel Hefe • 75 ml Milch • 1 Ei • Salz • 6–8 Zwiebeln • Butter • 200 g Champignons • Salz • Pfeffer • Muskatnuß • 2 Eier • 150 ml Milch • 50 ml Sahne • 1 EL Petersilie

1. *Die Butter mit dem gesiebten Mehl verreiben. Die Hefe in der lauwarmen Milch lösen, darin das Ei verquirlen. Etwas Salz zugeben und die Zutaten zu einem Teig verkneten, gegebenenfalls noch etwas Flüssigkeit oder Mehl zugeben.*

2. *Ein rundes, gefettetes, bemehltes Blech mit dem Teig auslegen.*

3. *Die Zwiebeln in Streifen oder Ringe schneiden und in wenig Butter anbraten. Die Champignons in Scheiben schneiden, nach etwa 2 Minuten zu den Zwiebeln geben und kurz erhitzen. Mit Salz, Pfeffer und Muskatnuß abschmecken.*

4. *Die Eier mit der Milch und der Sahne in einer großen Schüssel verquirlen. Die Zwiebeln und die Champignons zugeben und abkühlen lassen.*

5. *Den Teigboden mit einer Gabel mehrmals einstechen. Darauf die Zwiebel-Champignon-Mischung geben.*

6. *Den Kuchen mit der gehackten Petersilie bestreuen und im Backofen bei etwa 175° C 45 Minuten backen.*

Marinierte Champignons

300 g kleine, geschlossene Champignons • Balsamessig • Olivenöl • Salz • Pfeffer

1. *Die Pilze mit einem feuchten Küchentuch säubern. Den Wurzelansatz abschneiden.*
2. *Die Champignons anschließend in sehr feine Scheiben schneiden.*
3. *Aus dem Balsamessig, dem Olivenöl, Salz und Pfeffer eine kräftige Marinade rühren.*
4. *Die Champignons auf kleine Teller geben und die Marinade eßlöffelweise darüber verteilen. Reichen Sie dazu getoastetes, dunkles Brot mit Butter.*

Pilzkuchen

1 Tag Vorbereitung

250 g Austernpilze • 250 g Champignons • 1 Zwiebel • 1 Knoblauchzehe • 1 Bund Petersilie • 5 altbackene Brötchen • Butter • Salz • Pfeffer • Muskatnuß • 4 Eier • 150 ml Sahne • 100 ml Crème fraîche • 1 Bund Basilikum

__1.__ Die Pilze waschen, putzen und mit der Zwiebel, der Knoblauchzehe und der Petersilie fein schneiden. Eines der Brötchen fein reiben, die restlichen würfeln und mit den 4 Eiern vermischen.
__2.__ Etwas Butter in einer Pfanne erhitzen, darin die Pilze mit der Zwiebel und dem Knoblauch anschwitzen. Mit den Gewürzen abschmecken, mit der Petersilie zu den eingeweichten Brötchen geben und vermischen.
__3.__ Eine Kuchen- oder Terrinenform einfetten, mit den Bröseln ausstreuen und die restlichen Brötchenbrösel in die Pilzmasse geben. Diese in die Form füllen, mit einem Deckel verschließen und im Backofen bei 175° C etwa 45 bis 60 Minuten garen.
__4.__ Den Kuchen aus der Form nehmen und über Nacht, mindestens aber 6 Stunden lang, im Kühlschrank erkalten lassen.
__5.__ Die Sahne und die Crème fraîche verrühren. Einige Basilikumblättchen zurücklegen, den Rest fein schneiden und zu der Creme geben. Mit den Gewürzen abschmecken.
__6.__ Den Pilzkuchen in fingerdicke Scheiben schneiden und mit der kalten Basilikumsahne und einigen Basilikumblättchen anrichten.

Champignons in Sahne

500 g weiße Champignons • 1 kleine Zwiebel • 1 Bund Schnittlauch • 150 ml Sahne • 2 Eigelb • 200 g Blätterteig • Butter • Salz • Pfeffer

1. *Die Champignons achteln und die Zwiebel sehr fein schneiden. Einige schöne Schnittlauchhalme aufheben, den Rest in Röllchen schneiden.*
2. *100 ml Sahne steif schlagen und ein Eigelb darunterziehen.*
3. *Den Blätterteig auf einer mit Mehl bestäubten Arbeitsfläche 4 mm dick ausrollen, in Rauten schneiden und mit dem restlichen Eigelb bestreichen. Die Blätterteigrauten im Backofen bei 200° C etwa 10 Minuten backen und warmhalten.*
4. *In einem großen Topf etwas Butter schmelzen, darin die Champignons mit den Zwiebelwürfeln bei starker Hitze angehen lassen. Mit der restlichen Sahne auffüllen, abschmecken, den Schnittlauch zugeben und nochmals mit der Sahne-Eigelb-Mischung aufwallen lassen.*
5. *Die Blätterteigrauten halbieren, auf vorgewärmte Teller setzen und die Champignons mit den Schnittlauchhalmen anrichten.*

Lauwarmer Pilzsalat

200 g Morcheln • 300 g Steinpilzchampignons • 1 kleine Schalottenzwiebel • 1 Bund Sauerampfer • Butter • Weißweinessig • Salz • Pfeffer

1. *Die Morcheln waschen, putzen und falls nötig halbieren. Die Champignons in Achtel schneiden. Die Schalottenzwiebel fein würfeln.*
2. *Einige schöne Sauerampferblätter zurücklegen, den Rest fein schneiden.*
3. *Wenig Butter in einer Pfanne aufschäumen, die Schalottenzwiebel und die Pilze hinzugeben und stark erhitzen. Mit Salz und Pfeffer abschmecken.*
4. *1 Eßlöffel Essig hinzugeben und zwei Eßlöffel nicht zu kalte Butter einarbeiten. Die Pilze in eine Schüssel geben und vorsichtig mit dem Sauerampfer vermischen. Mit den zurückbehaltenen Sauerampferblättern auf Tellern anrichten.*

Spargelsalat mit Kirschtomaten

Je 300 g weißer und grüner Spargel • 200 g Kirschtomaten • 1 Bund Dill • Traubenkernöl • Weißweinessig • Salz • Pfeffer

1. *Das untere Drittel des Spargels schälen. 16 grüne Spargelköpfe von etwa 5 cm Länge zurücklegen. Den übrigen Spargel in 1 cm lange Stücke schneiden. Die langen und kurzen Spargel getrennt blanchieren und abschrecken.*

2. *Die Kirschtomaten und den Dill waschen. Die Tomaten vierteln und den Dill von den Stielen zupfen.*

3. *Aus dem Traubenkernöl, dem Essig, Salz und Pfeffer eine Salatsauce zubereiten, eventuell mit wenig Wasser verdünnen.*

4. *Alle Zutaten bis auf die zurückbehaltenen Spargelköpfe mit der Salatsauce vorsichtig vermischen.*

5. *Die Spargelköpfe zu einem Rechteck legen, und den Spargelsalat darin anrichten. Eventuell noch mit der restlichen Salatsauce beträufeln.*

Spaghettisalat mit Spargel und Kräuterquark

200 g Spaghetti • Olivenöl • je 250 g grüner und weißer Spargel • 2 kleine Karotten • 1 Bund Basilikum • 250 g Quark • 2 EL Sahne • Weißweinessig • Salz • Pfeffer • rosa Pfefferkörner

__1.__ Die Spaghetti in leicht gesalzenem Wasser bißfest kochen, abschrecken, mit wenig Öl vermischen und auf einem Sieb abtropfen lassen.
__2.__ Das untere Drittel der Spargel schälen und schräg in etwa 2 cm lange Stücke schneiden. Die Karotten würfeln. Den Spargel und die Karottenwürfel getrennt in Salzwasser blanchieren und anschließend abschrecken.
__3.__ Das Basilikum waschen, die Blättchen von den Stielen zupfen und fein schneiden.
__4.__ Den Quark mit dem Basilikum, der Sahne, etwas Olivenöl, Essig, Salz und Pfeffer abschmecken, danach kalt stellen.
__5.__ Die übrigen Zutaten vermischen und den Spaghettisalat mit Essig, Öl, Salz und Pfeffer würzen.
__6.__ Die Spaghetti mit einem Löffel und einer Gabel aufdrehen, Spargel- und Karottenstücke darauf verteilen. Mit einem in heißes Wasser getauchten Löffel von dem Quark kleine Nocken abstechen und an den Spaghettisalat legen. Die rosa Pfefferkörner darüber verteilen.

Artischocke unter der Haube

4 Artischocken • 125 g Gemüse der Saison • 1 Bund Schnittlauch • 1 kleine Zwiebel • Butter • 200 g Blätterteig • 1 Eigelb • Salz • Pfeffer

1. *Die Artischocken wie im Rezept Seite 108 beschrieben zubereiten. Das Gemüse in Würfelchen schneiden, diese blanchieren, abschrecken und abtropfen lassen. Den Schnittlauch in feinste Röllchen und die Zwiebel ebenfalls in Würfelchen schneiden.*

2. *Das Gemüse mit der Zwiebel in wenig Butter angehen lassen, abschmecken, den Schnittlauch unterrühren und abkühlen lassen.*

3. *Den Blätterteig auf einer bemehlten Arbeitsfläche etwa 4 mm dick ausrollen und vier große Kreise ausstechen. Aus diesen Kreisen, die größer als der Artischockenboden sein sollen, einen Innenkreis ausstechen, der ebenfalls größer als der Artischockenboden ist. Man hat nun Teigringe und -kreise.*

4. *Das Gemüse in die kalten, gesäuberten Artischockenböden füllen und den Rand sowie die Blätterteigringe mit dem Eigelb bestreichen.*

5. *Die Blätterteigringe bei 200° C etwa 10 Minuten backen und warmstellen. Die Artischocken mit den kleineren Blätterteigkreisen bedecken, mit dem restlichen Eigelb bestreichen und etwa 15 Minuten bei 200° C im Backofen backen.*

6. *Die Blätterteigringe mit der „Artischocke unter der Haube" auf vorgewärmten Tellern anrichten.*

Spargel mit Salzbutter

1,5 kg weißer Spargel • 1 große Stange Lauch • 400 g kleine Kartoffeln • 200 g gesalzene Butter • Salz • Pfeffer

1. *Den Spargel waschen und schälen. Die Abschnitte in kaltem, leicht gesalzenem Wasser aufkochen und etwa 10 Minuten ohne Hitzezufuhr ziehen lassen. Die Abschnitte herausnehmen und den Spargel im siedenden Wasser garen.*
2. *Den Lauch der Länge nach teilen, waschen und in dünne lange Streifen schneiden. Diese anschließend blanchieren, abschrecken und abtropfen lassen. Die Kartoffeln kegelförmig schneiden und in leicht gesalzenem Wasser garen.*
3. *Die Butter in einem kleinen Topf schmelzen. Je drei Spargel mit einem Lauchstreifen zusammenbinden und zum Erhitzen in das Spargelwasser zurücklegen.*
4. *Die Spargelbündel mit den Kartoffeln auf vorgewärmten Tellern anrichten und die geschmolzene Butter darübergeben.*

Grüner Spargel in Orangenbutter

2 Bund grüner Spargel • 6 Orangen • Butter • Salz • Pfeffer

1. *Das untere Drittel der Spargel abschneiden und die Stangen in leicht gesalzenem Wasser etwa 7 Minuten kochen, abschrecken und abtropfen lassen.*
2. *Von 2 Orangen mit einem Juliennereißer die Schale abnehmen. Alle Orangen auspressen und den Saft sirupartig einkochen.*
3. *Die Spargel mit wenig Butter erhitzen, salzen und pfeffern.*
4. *Den Orangensirup aufkochen, salzen und mit 3 Eßlöffeln nicht zu kalter Butter aufmontieren, dabei nicht mehr kochen lassen. Die Orangenbutter auf vorgewärmte Teller geben, die grünen Spargel anlegen und mit den Streifen der Orangenschale bestreuen.*

Artischockengemüse

4 Artischocken • 1 Zitrone • 3 EL Essig • 2 Karotten • 1 kleine Sellerieknolle • 1 kleine Kohlrabi • 1 Schalottenzwiebel • 1 rote Bete • 100 ml Sahne • 1 Eigelb • wenig Butter • Salz • Pfeffer

1. Die Artischocken wie im Rezept Seite 108 vorbereiten. Das „Heu" entfernen und den Boden achteln.
2. Das übrige Gemüse schälen und bis auf die rote Bete in Würfelchen schneiden. Die Karotten, Sellerie und Kohlrabi nacheinander blanchieren.
3. Die Sahne steif schlagen, mit dem Eigelb verrühren. Die rote Bete in feine Streifen schneiden und die Hälfte mit der Schalottenzwiebel in wenig Butter erhitzen. 4 Eßlöffel Wasser und das Sahne-Eigelb-Gemisch zugeben, aufwallen lassen und abschmecken.
4. Das restliche Gemüse ohne die Rote-Bete-Streifen mit wenig Butter erhitzen und abschmecken. Auf vorgewärmte Teller verteilen. Die gesamten Rote-Bete-Streifen und die Sauce darüber verteilen.

Spargel in Pfefferminzbutter

1,5 kg Spargel • wenig Butter • 1 Schalottenzwiebel • 1 Bund Pfefferminze • 1 kleiner Bund Petersilie • 3 EL Butter • Salz • Pfeffer • Muskatnuß

1. Den Spargel vom Kopfende an schälen, das untere Viertel abschneiden und die Stangen in 3 cm lange Stücke teilen. Die Spargelabschnitte waschen und in etwa 2 l Wasser mit wenig Salz aufkochen, 10 Minuten ziehen lassen und anschließend herausnehmen.

2. Die Schalottenzwiebel, die Pfefferminze, einige schöne Blättchen davon aufheben, und die Petersilie fein schneiden.

3. Wenig Butter in einem großen Topf schmelzen, darin die Schalottenzwiebel glasig dünsten, die feingeschnittenen Kräuter zugeben, erhitzen und mit 4 Eßlöffeln Wasser aufkochen. Die Sauce mit den Gewürzen abschmecken und mit 3 Eßlöffeln nicht zu kalter Butter binden, dabei nicht mehr kochen lassen.

4. Die Spargel auf Teller verteilen, die Pfefferminzbutter darübergeben und Pfefferminzblättchen anlegen.

Pilzpfanne mit Semmelknödeln

150 g Morcheln • 250 g Champignons • 30 g getrocknete chinesische Pilze (Mu-err) • 1 kleine Schalottenzwiebel • 4 altbackene Brötchen • 100 ml Milch • 2 Eier • 2 EL Petersilie • Butter • Salz • Pfeffer • Muskatnuß • Mehl

1. *Die Morcheln und die Champignons putzen, die Mu-err-Pilze einweichen. Die Schalottenzwiebel fein würfeln. Die Champignons achteln, die Mu-err-Pilze in schmale Streifen schneiden und die Morcheln eventuell halbieren.*

2. *Die Brötchen fein würfeln und mit der heißen Milch übergießen. Die Eier und die feingeschnittene Petersilie unterheben und abschmecken. Sollte die Masse zu feucht sein, so fügen Sie noch gesiebtes Mehl hinzu.*

3. *Mit befeuchteten Händen werden nun kleine Knödel geformt und in siedendem Salzwasser etwa 10 Minuten gegart.*

4. *Die Schalottenzwiebel in Butter erhitzen, die Pilze zugeben, stark erhitzen und mit den Gewürzen abschmecken. 1 Eßlöffel nicht zu kalte Butter einarbeiten. Die Pilze auf vorgewärmten Tellern mit den Knödeln anrichten.*

Morchelsuppe

30 g getrocknete Morcheln • 1 kleine Zwiebel • 1 kleine Knoblauchzehe • Butter • 1 EL Crème fraîche • 100 ml Sahne • 1 Eigelb • Salz • Pfeffer • Muskatnuß

1. *Die Morcheln in 1 Liter kaltes Wasser einweichen. Die Zwiebel und die Knoblauchzehe fein schneiden und in wenig Butter andünsten.*
2. *Die Morcheln aus dem Einweichwasser nehmen, säubern und eventuell kleinschneiden. Zu der Zwiebel-Knoblauch-Mischung geben und anschwitzen. Das vorsichtig abgeseihte Morchelwasser zugeben und auf einen ¾ Liter Flüssigkeit einkochen lassen.*
3. *Die Sahne steif schlagen und das Eigelb unterziehen.*
4. *Die Crème fraîche in die Suppe geben, aufkochen und abschmecken. Die Sahne-Eigelb-Mischung dazugeben und unter Rühren aufwallen lassen. Die Suppe in vorgewärmte Teller geben.*

Salat von Champignons

250 g weiße Champignons • 1 Schalottenzwiebel • 1 Bund Schnittlauch • 3 Tomaten • Zitronensaft • Olivenöl • Salz • Pfeffer

1. *Die Champignons mit einem feuchten Tuch säubern und in feine Scheibchen schneiden. Die Schalottenzwiebel würfeln und den Schnittlauch in Röllchen schneiden. Die Tomaten häuten und filieren.*
2. *Alle Zutaten vorsichtig miteinander vermischen. Mit dem Zitronensaft, dem Olivenöl, Salz und Pfeffer abschmecken. Den Salat auf Tellern anrichten.*

Artischockenboden in rosa Sauce

Salz • 3 EL Essig • 4 Artischocken • 1 Zitrone • je 100 g Lauch, Karotten und Sellerie • 1 Schalottenzwiebel • 1 Knoblauchzehe • Butter • 1/4 l Rotwein • 2 EL Crème fraîche • Salz • Pfeffer • 100 ml Sahne • 1 Eigelb • Butter

1. In einem großen Topf soviel Wasser erhitzen, daß die Artischocken darin in der kochenden Flüssigkeit schwimmend garen können. Das Wasser mit Salz und Essig aromatisieren.
2. Den Stiel der Artischocken mit drehender Bewegung aus der Frucht herausbrechen. Die Bruchstelle sofort mit Zitronensaft beträufeln und die Artischocken in das kochende Wasser geben. Mit einem Teller beschweren, so daß sie möglichst mit Wasser bedeckt etwa 45 Minuten sieden können. Die Artischocken sind gar, sobald Sie ein Blatt ohne Kraftaufwand von der Artischocke lösen können.
3. Den Lauch, die Karotten und den Sellerie in Streifen schneiden und in leicht gesalzenem Wasser blanchieren, abschrecken und abtropfen lassen.
4. Die Schalottenzwiebel und die Knoblauchzehe sehr fein schneiden und in wenig Butter erhitzen. Den Rotwein zugeben und langsam einkochen lassen.
5. Sobald der Rotwein eine sirupartige Konsistenz hat, die Crème fraîche zugeben, aufkochen lassen, abschmecken und vom Herd nehmen. Die Sahne steif schlagen und das Eigelb unterziehen.
6. Die Blätter der gekochten Artischocken von der Frucht lösen und einige zur Dekoration zurücklegen. Das Innere der Artischocke (das Heu) herauszupfen, den Boden unter fließendem Wasser abspülen und im Garwasser erhitzen.
7. Die Gemüsestreifen in Butter erhitzen und abschmecken. Die Sauce mit dem Sahne-Eigelb-Gemisch aufwallen lassen und mit Salz und Pfeffer würzen.
8. Die Böden auf vorgewärmte Teller geben, die Gemüsestreifen darauf verteilen, die rosa Sauce angießen und Artischockenblätter anlegen.

Grüner Spargel mit Stubenkükenbrust

2 Bund grüner Spargel • 250 g kleine Champignons • 2 Stubenküken • 1 Bund Schnittlauch • 100 ml Sahne • 1 Eigelb • Salz • Pfeffer • Butter

1. *Das untere Drittel der Spargel abschneiden und wenn nötig schälen. In leicht gesalzenem Wasser etwa 7 Minuten garen, abschrecken und abtropfen lassen. Die Champignons mit einem feuchten Tuch säubern und fein schneiden.*

2. *Die Stubenkükenbrüste herauslösen (die Keulen eventuell anderweitig verwenden). Den Schnittlauch in feine Röllchen schneiden. Die Sahne steif schlagen und das Eigelb unterziehen.*

3. *Die Stubenkükenbrüste würzen und in wenig Butter bei gelinder Hitze auf beiden Seiten 3 Minuten braten, herausnehmen und in Folie warmhalten. In derselben Pfanne rasch die Champignons anbraten, würzen und den Schnittlauch unterheben.*

4. *Den Spargel mit etwas Butter erhitzen, auf vorgewärmten Tellern mit den Pilzen anrichten. Den Bodensatz der „Pilzpfanne" mit 5 Eßlöffeln Wasser loskochen, die Sahne-Eigelb-Mischung zugeben, abschmecken und aufwallen lassen. Mit der aufgeschnittenen Stubenkükenbrust auf den Tellern verteilen.*

Artischocken-Avocado-Salat

4 Artischocken • 4 kleine Filets von Daurade Rosé (Seekarpfen oder Graubarsch) • Butter • 1 Avocado • Saft von 2 Zitronen • 2 Tomaten • 1 kleine Schalottenzwiebel • Salz • Pfeffer • Öl

1. Die Artischocken wie im Rezept Seite 108 beschrieben vorbereiten.
2. Die Fischfilets mit einer Pinzette entgräten und in eine gebutterte Pfanne legen. Soviel Wasser zugießen, daß der Boden gerade bedeckt ist. Einmal aufkochen und am Herdrand erkalten lassen.
3. Die Avocado halbieren, den Kern herausnehmen, die Schale vorsichtig abziehen und quer in 0,5 cm dicke Scheiben schneiden. Mit wenig Zitronensaft beträufeln.
4. Die Tomaten häuten und filieren, die Schalottenzwiebel fein schneiden. Die Tomatenfilets würfeln, mit der Schalottenzwiebel vermischen, abschmecken und mit dem Zitronensaft und dem Öl vermischen.
5. Die Artischockenböden in 0,5 cm dicke Streifen schneiden, fächerartig auf den Tellern anordnen. Das Fischfilet und die Avocadoscheiben anlegen und mit der Tomaten-Zitronen-Sauce beträufeln.

GETREIDE UND HÜLSENFRÜCHTE

Was ist schon so interessant an den trockenen kleinen Körnern – rundlich, länglich, gelb oder braun? Sie sind unscheinbar, nur schwer auseinanderzuhalten und zunächst einmal ungenießbar! Und doch bestimmten und bestimmen sie das Schicksal der Menschen mit.

Weizen, Roggen, Gerste und Hafer sind uns die vertrautesten unter den vielen Getreidesorten. Aus südlichen Landen gesellte sich der Mais hinzu und ist heute als zart-süßes Gemüse oder pikante Polenta sehr beliebt. Die kleinen runden Körnchen der Hirse und die dreieckigen Samen des Buchweizens sind dagegen noch immer eine Neuheit im deutschen Kochtopf.

Das Getreidekorn ist zusammen mit den Hülsenfrüchten ein wichtiges Mitglied in der Naturküche. Linsen, Bohnen und Erbsen erobern den bunten Speisezettel der modernen Küche nur mühsam zurück und legen ihr staubiges Image vom „eintönigen Eintopf“ ab.

Das folgende Kapitel will Ihnen zeigen, daß Leben in den trockenen Körnern und Samen steckt. Bei uns quellen und keimen die raffiniertesten Rezeptideen.

Ma(h)len Sie sich mit uns eine eigene bunte Naturküche

Schnittlauchcrêpes

125 g Weizenmehl • ca. 200 ml Milch • 2 Eier • 2 Eigelb • Salz • Pfeffer • Muskatnuß • 1 Bund Schnittlauch • 150 g Buschbohnen • 150 g Blumenkohl • je 125 g Karotten und Sellerie • 1 Zwiebel • Butter

1. *Das gesiebte Weizenmehl mit der Milch verrühren, nacheinander die Eier und die Eigelbe zugeben und mit den Gewürzen abschmecken. Den Schnittlauch in feine Röllchen schneiden und die Hälfte unter den Teig rühren. Für mindestens ½ Stunde quellen lassen.*
2. *Die Buschbohnen und den in Röschen zerteilten Blumenkohl fein schneiden. Die Karotten und Sellerie würfeln. Das Gemüse getrennt blanchieren. Die Zwiebel fein schneiden.*
3. *Butter in einer Pfanne aufschäumen. Wenig Teig in die heiße Pfanne geben, diese mit kreisenden Bewegungen bewegen, so daß der Boden gerade mit Teig bedeckt ist. Den Crêpe auf beiden Seiten hell ausbacken und warmstellen.*
4. *Die Zwiebel in wenig Butter erhitzen, das Gemüse zugeben und abschmecken. Die Crêpes mit dem Gemüse füllen, zu einer Tüte aufrollen, anrichten und den Schnittlauch darüberstreuen.*

Buchweizencrêpes

150 g Buchweizenmehl • ca. 200 ml Milch • 3 Eier • 1 kleiner Zucchino • 3 Tomaten • einige Wirsingblätter • 1 Zwiebel • Butter • Salz • Pfeffer • 50 g geriebener Parmesan

1. Den Teig für die Buchweizencrêpes aus Mehl, Milch und Eiern wie im Rezept Seite 116 beschrieben vorbereiten. Die Crêpes ausbacken und warmhalten.
2. Den Zucchino in feine Würfelchen schneiden, die Tomaten häuten und filieren. Die Wirsingblätter ebenfalls in feine Würfel schneiden. Zucchino und Wirsing blanchieren. Die Zwiebel fein schneiden.
3. Das Gemüse mit der Zwiebel in wenig Butter angehen lassen und abschmecken. Die Buchweizencrêpes damit füllen und mit dem Käse anrichten.

Maiscrêpes

150 g Maismehl • ca. 200 ml Milch • 3 Eier • Cayennepfeffer • 150 g Stangenbohnen • je 100 g rote Paprikaschote und Steckrüben • 1 Zwiebel • Butter • Salz • Pfeffer

1. Den Teig für die Maiscrêpes aus Mehl, Milch, Eiern und Cayennepfeffer wie im Rezept Seite 116 beschrieben vorbereiten. Die Crêpes ausbacken und warmhalten.
2. Die Stangenbohnen in schmale Streifen schneiden. Paprika und Steckrüben würfeln. Die Bohnenstreifen und das übrige Gemüse blanchieren.
3. Die Zwiebel fein schneiden und mit wenig Butter andünsten, das Gemüse zugeben und abschmecken. Die zuvor gebackenen Maiscrêpes mit dem Gemüse füllen und anrichten.

Ravioli mit Salbeibutter

Etwa 250 g Weizenmehl • 2 Eier • wenig Wasser • etwas Öl • Salz • Pfeffer • Muskatnuß • 150 g geriebener Parmesan • 2 Eigelb • 2 EL Kräuter • 2 EL Öl • 1 kleiner Bund Salbei • 4 EL Butter

__1.__ Das Mehl auf eine Arbeitsplatte sieben, die Eier, das Wasser, das Öl und die Gewürze zugeben. Alles rasch zu einem geschmeidigen Teig verarbeiten. Mindestens ½ Stunde ruhen lassen.

__2.__ Den Parmesan, die Eigelbe und 2 Eßlöffel feingeschnittene Kräuter zu einer festen Masse rühren. Mit Pfeffer und Muskatnuß abschmecken.

__3.__ Den Teig halbieren und dünn ausrollen. In Abständen von 5 cm kleine Klekse der Parmesanfüllung daraufgeben, die Ränder mit Wasser befeuchten und mit der zweiten Teigplatte abdecken und andrücken. Die Ravioli mit einem Glas ausstechen und die Ränder mit einer Gabel andrücken.

__4.__ Den restlichen Teig zu einer Kugel formen und den Vorgang wie zuvor beschrieben wiederholen, und so den Teig verarbeiten.

__5.__ 2 Eßlöffel Öl, etwas Salz in reichlich Wasser geben und zum Kochen bringen, darin die Ravioli etwa 3 Minuten garen.

__6.__ Einige schöne Salbeiblätter aufbewahren. Die Butter in einer Pfanne aufschäumen lassen, darin die gewaschenen und von den Stielen gezupften, feingeschnittenen Salbeiblätter bräunen.

__7.__ Die Ravioli aus dem kochenden Wasser nehmen und in wenig Butter schwenken. Die Ravioli auf vorgewärmten Tellern anrichten, die Salbeibutter darüber verteilen und Salbeiblättchen anlegen.

Gemüsesalat mit wildem Reis

100 g wilder Reis • 1 dicke Stange Lauch • 1 große Karotte • 1 rote Bete • 1 Kohlrabi • 1 kleine Sellerieknolle • Olivenöl • Balsamessig • Salz • Pfeffer • 1 Bund Schnittlauch

1. *Den wilden Reis über Nacht einweichen, am nächsten Tag in leicht gesalzenem Wasser etwa 10 Minuten bißfest garen. Auf ein Sieb geben und auskühlen lassen.*
2. *Das Gemüse waschen und wenn nötig schälen. Alle Gemüse in dünne Scheiben schneiden, nur den Lauch zerlegen.*
3. *Mit verschieden großen „Herzausstechern" Herzen ausstechen. Das Gemüse getrennt nacheinander in leicht gesalzenem Wasser blanchieren (das hellste zuerst), anschließend mit kaltem Wasser abschrecken und abtropfen lassen.*
4. *Aus dem Olivenöl, dem Balsamessig, Salz und Pfeffer eine Marinade rühren, eventuell mit Wasser oder Weißwein den Säuregehalt mildern.*
5. *Den wilden Reis mit wenig Olivenöl und Essig vermischen, abschmecken, in eine kleine Herzform füllen und auf die Teller stürzen.*
6. *Die „Gemüseherzen" um das „Reisherz" verteilen, den Schnittlauch fein schneiden und darüberstreuen und mit der Marinade beträufeln.*

Maisgrießschnitten mit Zucchini

½ l Milch • 1 EL Butter • 100 g Maisgrieß • Salz • Pfeffer • Muskatnuß • wenig Olivenöl • 2 Eigelbe • 100 g Peccorino-Käse • 3–4 Zucchini • 1 kleiner Bund Kerbel • Butter • 1–2 EL rosa Pfefferkörner

1. *Die Milch mit der Butter und den Gewürzen zum Kochen bringen. Den Maisgrieß unter Rühren in die kochende Milch geben und die Hitze auf kleinste Stufe reduzieren. Der Brei sollte so noch etwa 15 Minuten weiter gegart werden. Wird der Maisgrießbrei in der Zwischenzeit zu fest, so geben Sie noch wenig Wasser oder Milch hinzu. Zum Schluß sollte er eine feste Masse sein, die gerade aus dem Topf fließen kann.*

2. *Ein flaches Backblech mit dem Öl leicht einfetten, die noch heiße Grießmasse darauf verteilen und mit einer Palette glattstreichen.*

3. *Die Eigelbe verquirlen und darauf verstreichen. Den Peccorino reiben und darauf verteilen. Das Ganze erkalten lassen.*

4. *Die Zucchini fein hobeln. Den Kerbel waschen und die schönsten Blättchen abzupfen.*

5. *Aus der Maisgrießmasse mit einem Ausstecher „Herzen" ausstechen, auf ein weiteres Backblech setzen und im Backofen bei 175° C backen, bis sie goldgelb gefärbt sind.*

6. *Wenig Butter in einem Topf zerlassen und die Zucchini hineingeben, dabei nicht umrühren, sondern erst richtig anschwitzen lassen. Mit Salz, Pfeffer und frisch geriebener Muskatnuß würzen. Die rosa Pfefferkörner zugeben und unterheben.*

7. *Die Zucchinistreifen auf vorgewärmten Tellern anrichten, die „Maisgrießherzen" anlegen und mit den Kerbelblättchen dekorieren.*

Maisgemüse mit Kalbfleischstreifen

2 große Maiskolben • 1 Stange Lauch • 250 g Spinat • 25 g getrocknete, chinesische Pilze (Wolkenohr oder Mu-err) • 350 g dicke, frische Bohnen • 350 g Kalbsrücken • Butter • 1 kleine Schalottenzwiebel • 1 Knoblauchzehe • Sojasauce • Salz • Pfeffer • 2 EL Sesamsamen

1. *Die Maiskolben halbieren, auf die Schnittfläche stellen und die Maiskörner abschneiden. Den Lauch der Länge nach halbieren, waschen und in ½ cm dicke Streifen schneiden.*

2. *Den Spinat verlesen und waschen. Die Pilze in lauwarmem Wasser etwa 10 Minuten einweichen, anschließend in feine Streifen schneiden.*

3. *Das Gemüse nacheinander zusammen mit den Bohnenkernen in leicht gesalzenem Wasser blanchieren, abschrecken und abtropfen lassen.*

4. *Das Kalbfleisch in Streifen schneiden. Die Butter in einem großen Topf aufschäumen lassen und das Fleisch darin, ohne es zu bewegen, anbraten. Sobald das Fleisch Farbe genommen hat, das Gemüse mit der feingeschnittenen Schalottenzwiebel und der zerdrückten Knoblauchzehe hinzugeben. Kräftig erhitzen, mit der Sojasauce und den Gewürzen abschmecken.*

5. *Den Sesam ohne Butter in einer Pfanne leicht rösten. In der Zwischenzeit 2 Eßlöffel Butter vorsichtig in das Gemüse einarbeiten. Auf vorgewärmten Tellern anrichten und mit dem Sesam bestreuen.*

Basmati und wilder Reis auf zwei Saucen

Je 150 g Basmati und wilder Reis • 2 Schalottenzwiebeln • 1 Knoblauchzehe • 200 ml Sahne • 1 Eigelb • 1 TL Tomatenmark • Butter • Salz • Pfeffer • Muskatnuß

1. *Die Reissorten getrennt 2 Stunden in kaltem Wasser einweichen. Die Schalottenzwiebeln und den Knoblauch fein schneiden.*
2. *Die abgetropften Reissorten in zwei Töpfen mit den Schalottenzwiebeln und etwas Butter glasig werden lassen. Mit dem Einweichwasser auffüllen (3-fache Reismenge), aufkochen und auf kleinster Stufe garen.*
3. *100 ml Sahne steif schlagen und das Eigelb unterrühren. Das Tomatenmark und die Knoblauchzehe in je einen kleinen Topf geben, erhitzen, jeweils mit der restlichen Sahne auffüllen und aufkochen.*
4. *Das Sahne-Eigelb-Gemisch zugeben, aufwallen lassen und abschmecken. Die Reissorten abschmecken und in jede einen Eßlöffel Butter einarbeiten. Auf vorgewärmten Tellern mit den beiden Saucen anrichten.*

Grießschnitten mit Geflügel

Butter • Salz • Muskatnuß • Pfeffer • 125 g Weizengrieß • 2 Eigelb • 1 Steckrübe • 1 grüne Paprikaschote • 1/4 Sellerie • 1 Zwiebel • 2 Poulardenbrüste • 150 ml Sahne

1. *1/4 Liter Wasser mit einem Eßlöffel Butter, Salz, Muskatnuß und Pfeffer aufkochen, den Weizengrieß unter Rühren einrieseln lassen und aufkochen. Etwa 5 Minuten quellen lassen.*
2. *Die Grießmasse etwa 1 cm dick auf ein gebuttertes Blech auftragen. Mit einem Eigelb bestreichen und erkalten lassen.*
3. *Die Steckrübe, die Paprika, den Sellerie und die Zwiebel in Würfel schneiden. Das Gemüse ohne die Zwiebel blanchieren, abschrecken und abtropfen lassen.*
4. *Die Poulardenbrüste auslösen, enthäuten und in Würfel schneiden. 100 ml Sahne steif schlagen und das restliche Eigelb unterrühren.*
5. *Aus der Grießmasse mit einem Sternausstecher Sterne ausstechen, auf ein gebuttertes Blech setzen und im Backofen bei etwa 175° C 15 Minuten backen.*
6. *Wenig Butter in einem Topf aufschäumen und das Fleisch darin auf einer Seite anbraten. Die Zwiebelwürfel und das Gemüse zugeben, mit der restlichen Sahne aufkochen und abschmecken. Das Sahne-Eigelb-Gemisch zugeben, unter Rühren erhitzen und mit den Weizengrießsternen auf Tellern anrichten.*

Reisnudeln mit Schweinefleisch

200 g Reisnudeln • 1 rote Paprikaschote • 1 kleine Zwiebel • 1 Knoblauchzehe • 1 Bund Zwiebellauch • 300 g Schweinerücken • Butter • Salz • Pfeffer • Curry

1. *Die Reisnudeln in kaltem Wasser 10 bis 15 Minuten einweichen.*
2. *Die Paprika und die Zwiebel in Würfel schneiden, die Knoblauchzehe zerdrücken. Den Zwiebellauch in Röllchen schneiden.*
3. *Das Gemüse ohne die Zwiebel blanchieren, abschrecken und abtropfen lassen. Das Fleisch in Streifen schneiden.*
4. *Die eingeweichten Reisnudeln kurz in leicht gesalzenem Wasser garen, abschrecken und abtropfen lassen.*
5. *Das Fleisch würzen und mit Butter, ohne Farbe nehmen zu lassen, in einer großen Pfanne erhitzen. Die Zwiebelwürfel und alle übrigen Zutaten zufügen. Nochmals abschmecken, 1 Eßlöffel Butter einarbeiten und auf vorgewärmten Tellern anrichten.*

Linsensalat

1 Tag Vorbereitung

150 g getrocknete Linsen (grüne, rote, braune) • 1 kleine Zwiebel • 1 Lorbeerblatt • 1 Gewürznelke • 1 kleine Paprikaschote • wenig Kerbel • 1 kleine Schalottenzwiebel • 1 Knoblauchzehe • Olivenöl • Estragonessig • Salz • Pfeffer

1. *Die Linsen waschen und mit der mit Lorbeer und Nelken gespickten Zwiebel in kaltem Wasser über Nacht einweichen.*
2. *Am folgenden Tag die Paprikaschote vierteln, entkernen, in kleine Würfel oder Rauten schneiden und blanchieren.*
3. *Die Linsen abgießen, dabei das Einweichwasser auffangen. Das Wasser mit wenig Salz aufkochen und die Linsen darin kurz blanchieren. Einige Eßlöffel Abkochwasser aufheben. Die Linsen abschrecken und abtropfen lassen.*
4. *Einige schöne Kerbelblättchen aufheben, den Rest fein schneiden. Die Schalottenzwiebel fein würfeln, die Knoblauchzehe zerdrücken und alle Zutaten vermischen. Aus Öl, Essig, Salz und Pfeffer eine Salatsauce zubereiten und unter den Salat heben. Den Linsensalat auf Tellern anrichten und den zurückbehaltenen Kerbel anlegen.*

Weizengemüse

1 Tag Einweichzeit

300 g Weizen • 1 Zwiebel • 1 Knoblauchzehe • 1 Karotte • 2 kleine Kohlrabi • 1 kleine rote Paprikaschote • 4 Wirsingblätter • 1 kleiner Bund Dill • Butter • Salz • Pfeffer

1. *Den Weizen über Nacht einweichen. Die Zwiebel, die Knoblauchzehe, die Karotte und den Kohlrabi schälen und in feine Würfel schneiden.*
2. *Die Paprika und die Wirsingblätter ebenfalls in Würfelchen schneiden und mit der Karotte und dem Kohlrabi blanchieren. 3/4 des Dills fein schneiden.*
3. *Etwas Butter in einem Topf schmelzen, darin die Zwiebel- und Knoblauchwürfel anschwitzen. Den Weizen zugeben und bei gelinder Hitze etwa 15 Minuten garen. Dabei immer wieder etwas Einweichwasser angießen.*
4. *Sobald der Weizen weich ist, das Wasser verdampfen lassen, die Gemüsewürfel und den feingeschnittenen Dill zugeben und mit Salz und Pfeffer würzen.*
Das Gemüse auf vorgewärmten Tellern mit dem restlichen Dill anrichten.

Risotto mit Karotten und Zucchini

3 Karotten • 2 Zucchini • 1 Zwiebel • 1 Knoblauchzehe • Butter • 200 g Risottoreis (Vialone oder Arborio) • Salz • Pfeffer • Muskatnuß • 150 g geriebener Parmesan

1. Die Karotten, die Zucchini, die Zwiebel und die Knoblauchzehe würfeln. Etwas Butter in einem Topf zerlassen und Karotten-, Zwiebel- und Knoblauchwürfel darin angehen lassen. Den Reis zugeben und mit anschwitzen bis er glasig ist. Mit Salz, Pfeffer und Muskatnuß abschmecken.

2. Etwa 600 ml kaltes Wasser hinzugeben, aufkochen und auf kleinster Stufe etwa 30 Minuten garen. Das Risotto sollte eine nicht zu feste Konsistenz haben.

3. Wenn der Reis weich ist, die Zucchiniwürfel zugeben, nochmals abschmecken und eventuell noch etwas Butter unterrühren.

4. Das Risotto auf vorgewärmten Tellern verteilen und den Parmesan darüberstreuen.

Mais-Safran-Suppe

1 Schalottenzwiebel • Butter • 1 Briefchen Safranpulver • 75 g Maisgrieß • 1 Zucchino • Salz • Pfeffer • Muskatnuß • einige Kerbelblättchen

1. *Die Schalottenzwiebel in feinste Würfelchen schneiden, mit wenig Butter und dem Safranpulver angehen lassen. Den Maisgrieß zugeben und kurz miterhitzen.*
2. *1 ¼ Liter Wasser auffüllen, aufkochen und bei gelinder Hitze etwa 15 Minuten leicht kochen lassen.*
3. *Den Zucchino in feine Würfel schneiden und zum Schluß zugeben. Die Suppe mit den Gewürzen abschmecken. In vorgewärmten Tellern mit den Kerbelblättchen anrichten.*

Linsensuppe

1 Zwiebel • 1 Knoblauchzehe • Butter • 150 g Linsen • 3 Kartoffeln • je 1 kleine gelbe und rote Paprikaschote • 1 Bund glatte Petersilie • Butter • Salz • Pfeffer • Muskatnuß

1. Die Zwiebel und die Knoblauchzehe fein schneiden in wenig Butter glasig dünsten. Die gewaschenen Linsen zugeben, mit anschwitzen und etwa 1 ¼ Liter kaltes Wasser auffüllen.
2. Die Kartoffeln in Würfel schneiden und in die kochende Linsensuppe geben und bei kleinster Stufe etwa 30 Minuten fertiggaren.
3. Die Paprika entkernen und in kleine Würfel schneiden. Kurz vor Ende der Garzeit die Paprikawürfelchen mit der feingeschnittenen Petersilie zugeben, abschmecken und in vorgewärmten Tellern servieren.

Graupensuppe

1 kleine Zwiebel • Butter • 150 g Perlgraupen • 1 Karotte • 1 kleiner Sellerie • 150 g Bohnen • 1 Bund Schnittlauch • Salz • Pfeffer • Muskatnuß

1. Die Zwiebel fein schneiden, mit wenig Butter und den gewaschenen Graupen in einem Topf anschwitzen. Etwa 1 ¼ Liter kaltes Wasser auffüllen, aufkochen und bei kleinster Stufe etwa 35 Minuten garen.
2. Die Karotte und den Sellerie würfeln, die Bohnen in Stücke und den Schnittlauch in Röllchen schneiden. Das Gemüse 10 Minuten vor Ende der Garzeit in die Graupensuppe geben.
3. Mit Salz, Pfeffer und Muskatnuß abschmecken und den Schnittlauch unterrühren. Die Suppe in vorgewärmten Tellern servieren.

Naturreissalat

200 g Naturreis • 1 Zwiebel • 1 kleiner Zucchino • 100 g Paprikaschote • 100 g Stangenbohnen • Estragonessig • Olivenöl • Salz • Pfeffer

1. *Den Reis in leicht gesalzenem Wasser etwa 40 Minuten garen, abschrecken und abtropfen lassen.*
2. *Die Zwiebel, den Zucchino und die Paprika in Würfelchen, die Stangenbohnen quer in dünne Scheiben schneiden. Das Gemüse bis auf die Zwiebel blanchieren, abschrecken und abtropfen lassen.*
3. *Den Naturreis mit dem Gemüse und der Zwiebel vermischen. Mit Estragonessig, Olivenöl, Salz und Pfeffer abschmecken und auf Tellern anrichten.*

Mungobohnensalat

Etwa 3 bis 4 Tage „Keimzeit"

2 EL Mungobohnen • 2 Tomaten • 1 Stange Lauch • je 100 g Karotten und Sellerie • 1 Zwiebel • Essig • Olivenöl • Salz • Pfeffer

1. *Die Mungobohnen im Keimgerät einen halben Tag einweichen. Dann die Mungobohnen ohne Wasserzugabe 3 bis 4 Tage keimen lassen (zweimal am Tag mit lauwarmem Wasser spülen).*
2. *Die Tomaten häuten, filieren und zusammen mit dem Lauch, den Karotten und dem Sellerie in Streifen schneiden. Das Gemüse ohne die Tomaten blanchieren, abschrecken und abtropfen lassen.*
3. *Alle Gemüsestreifen mit den Mungobohnen und der feingeschnittenen Zwiebel vermischen. Mit Essig, Öl, Salz und Pfeffer abschmecken und auf Tellern anrichten.*

Grüne Ravioli in grüner Sauce

250 g Weizenmehl • 2 Eier • 1 TL Öl • Salz • Pfeffer • 200 g Spinat • 75 g Ricotta (Schafsfrischkäse) • 2 Eigelb • 1 Bund Petersilie • 1 Bund Basilikum • 150 ml Sahne • einige Kirschtomaten

1. Das Mehl auf eine Arbeitsplatte sieben, die Eier, das Öl, Salz und Pfeffer hinzugeben. Den Spinat blanchieren, fein pürieren und mit allen Teigzutaten zu einem geschmeidigen Teig verarbeiten. Sollte der Teig zu feucht oder zu trocken sein – etwas Mehl oder Wasser hinzugeben. Mindestens ½ Stunde ruhen lassen.

2. Den Ricotta mit einem Eigelb verrühren und mit Salz und Pfeffer würzen. Die Kräuter waschen und die Blättchen mit 50 ml Sahne fein mixen. Die übrige Sahne steif schlagen und das restliche Eigelb unterziehen.

3. Den Teig halbieren und dünn ausrollen. Auf die eine Hälfte in Abständen von 5 cm kleine Kleckse der Käsemasse geben. Die zweite Teigplatte darüberlegen und mit einem Glas einzelne Ravioli ausstechen.

4. Die Ränder mit einer Gabel fest andrücken und den Teig so vollständig verarbeiten. Die Ravioli in kochendem, leicht gesalzenem Wasser etwa 3 Minuten garen.

5. Die Kräutersahne mit der Sahne-Eigelb-Mischung aufwallen lassen, abschmecken und auf vorgewärmte Teller verteilen. Die Ravioli und die halbierten Kirschtomaten anrichten.

Rotweinrisotto

1 Schalottenzwiebel • 3 Knoblauchzehen • Olivenöl • 200 g Risottoreis (Vialone oder Arborio) • ¾ l Rotwein (Bordeaux oder Barolo) • 1 Bund Zwiebellauch • 150 ml Sahne • 1 Eigelb • Butter • Salz • Pfeffer • 150 g geriebener Parmesan

1. Die Schalottenzwiebel und die Knoblauchzehen fein schneiden. Wenig Olivenöl in einem Topf erhitzen, darin eine Knoblauchzehe und die Schalottenzwiebel andünsten, den Reis zugeben und glasig werden lassen.
2. Mit dem Rotwein auffüllen. Den Topf verschließen, aufkochen und bei gelinder Hitze etwa 25 Minuten fertig garen.
3. Den Zwiebellauch in Röllchen schneiden, blanchieren, abschrecken und abtropfen lassen. 100 ml Sahne steif schlagen und das Eigelb unterziehen.
4. Den restlichen Knoblauch mit wenig Butter andünsten, die restliche Sahne zugeben, aufkochen und abschmecken.
5. ⅔ des Parmesans unter das Rotweinrisotto mischen und auf vorgewärmten Tellern verteilen. Die Knoblauchsauce mit der Sahne-Eigelb-Mischung aufwallen lassen. Den Zwiebellauch mit wenig Butter erhitzen. Die Knoblauchsauce um das Risotto herum angießen und den Zwiebellauch anlegen. Den restlichen Parmesan darüber verteilen.

Bohnengemüse

1 Tag Einweichzeit

Je 150 g braune und schwarze Bohnenkerne • 1 Zwiebel • 1 Knoblauchzehe • Butter • 1 Zucchino • 1 grüne und 1 gelbe Paprikaschote • ¼ Sellerie • 1 Karotte • 1 TL Tomatenmark • 100 g Kirschtomaten • Salz • Pfeffer • Chillypulver

1. Die Bohnenkerne waschen und in lauwarmem Wasser 24 Stunden einweichen.
2. Am folgenden Tag die Zwiebel und die Knoblauchzehe in Würfel schneiden und mit wenig Butter in einem Topf angehen lassen. Die Bohnenkerne mit dem Einweichwasser zugeben, aufkochen und bei kleiner Flamme etwa 60 Minuten garen. Das Wasser sollte verdampft, und die Bohnenkerne weich sein.
3. Während des Garvorgangs den Zucchino der Länge nach vierteln und in Scheibchen schneiden. Die Paprika und den Sellerie würfeln und die Karotte in kleinere Stücke schneiden. Alles zu den Bohnen geben.
4. Mit den Gewürzen abschmecken. Zum Schluß das Tomatenmark, die geviertelten Kirschtomaten und 1 Eßlöffel Butter einarbeiten. Auf vorgewärmten Tellern anrichten.

Rotes Linsengemüse

1 Tag Einweichzeit

200 g rote Linsen • 1 Zwiebel • 1 Zucchino • einige Wirsingblätter • 1 Kohlrabi • 300 g Schweinerücken • 100 ml Sahne • 1 Eigelb • Butter • Salz • Pfeffer • 1 EL Petersilie

1. *Die Linsen über Nacht in kaltem Wasser einweichen.*
2. *Die Zwiebel fein würfeln. Den Zucchino in Scheibchen, den Wirsing und die Kohlrabi in dünne Rauten schneiden. Das Gemüse ohne die Zwiebel blanchieren und abtropfen lassen.*
3. *Das Fleisch in Würfel schneiden. Die Sahne steif schlagen und das Eigelb unterziehen.*
4. *Die Linsen mit der Zwiebel und wenig Butter in einem Topf anschwitzen. Mit Salz und Pfeffer abschmecken, das übrige Gemüse zugeben und kurz miterhitzen.*
5. *Das Fleisch pfeffern, salzen und in wenig Butter anbraten. Die feingeschnittene Petersilie zugeben und mit der Sahne-Eigelb-Mischung aufwallen lassen. Das Linsengemüse kreisförmig auf einem vorgewärmten Teller anrichten und das Fleisch mit der Sauce in die Mitte geben.*

Gemüse im Maisgrießring

1 Zwiebel • Butter • Salz • Pfeffer • Muskatnuß • 150 g Maisgrieß • 300 g Mangold • 1 kleine Salatgurke • 4 Tomaten

1. *1 Liter Wasser mit einem Eßlöffel Butter, wenig Salz, Pfeffer und Muskatnuß aufkochen. Den Maisgrieß unter Rühren in die kochende Flüssigkeit geben. Bei gelinder Hitze etwa 20 Minuten ausquellen lassen.*
2. *Vier kleine „Savarinringe" mit Butter einfetten. Die Maisgrießmasse einfüllen und darin erkalten lassen.*
3. *Den Mangold putzen, in Rauten und Streifen schneiden. Die Zwiebel und die Salatgurke würfeln. Die Tomaten häuten, filieren und ebenfalls würfeln. Den Mangold und die Salatgurke blanchieren, abschrecken und abtropfen lassen.*
4. *Die Maisgrießringe im Backofen bei 175° C etwa 12 Minuten erhitzen. In der Zwischenzeit das Gemüse mit der Zwiebel in wenig Butter erhitzen, abschmecken und zuletzt die Tomaten zugeben. 1 Eßlöffel nicht zu kalte Butter einrühren. Den Maisgrießring auf vorgewärmte Teller stürzen und das Gemüse darin anrichten.*

FRÜCHTE

Wie ein Maler mit letzten farbigen Tupfen seinem Bild die nötige Spannung verleiht, wollen auch wir unser Menü mit fruchtigen Akzenten vollenden. Unsere Farben mischen wir aus gelben Ananas, roten Erdbeeren und blauen Pflaumen. Natürlich gibt es auch interessante Zwischentöne, wie das Grün der Kiwi oder das Orange der Apfelsine.

Aus dieser reich bestückten Farbpalette entstehen im Nu sahnige, blättrige oder eisige Kompositionen, keine verschnörkelten Spielereien, sondern klare, kraftvolle Pinselstriche.

Doch nicht allein dem Auge sollen sie ein Genuß sein, noch wichtiger ist, daß der Gaumen Gefallen an ihnen findet. Folgen Sie uns nun in das Kapitel der süßen Schlemmereien.

Lassen Sie sich unsere fruchtigen Ideen auf der Zunge zergehen

Crêpes mit Johannisbeeren

125 g Weizenmehl • etwa 200 ml Milch • 2 Eier • 3 Eigelb • 4 EL Butter • 50 g feiner Zucker • 200 g Johannisbeeren • 75 g Gelierzucker • 2 EL Johannisbeerlikör • wenig Butter • Puderzucker

1. *Das Mehl in eine Schüssel sieben, die Milch mit einem Schneebesen einrühren, dabei nach Möglichkeit nur in eine Richtung rühren. Die Eier und die Eigelbe nacheinander unterrühren. Die Butter in einer Pfanne schmelzen und mit dem Zucker dazugeben. Den Teig für mindestens 1 Stunde quellen lassen.*

2. *Einige schöne Rispen der Johannisbeeren zur Dekoration aufbewahren, die restlichen Beeren mit einer Gabel von den Rispen streifen. Die Beeren mit dem Gelierzucker und 3 Eßlöffeln Wasser erhitzen, einmal aufkochen und den Likör zugeben. Vom Herd nehmen und erkalten lassen.*

3. *Wenig Butter in einer Pfanne aufschäumen lassen, die überschüssige Butter entfernen, so daß nur der Boden gefettet ist. Mit einer kleinen Kelle in die Mitte der Pfanne wenig Teig geben, dann die Pfanne kreisförmig bewegen, so daß der Teig gleichmäßig bis an den Rand der Pfanne fließen kann.*

4. *Bei nicht zu starker Hitze den Crêpe auf beiden Seiten backen, ohne daß er Farbe nimmt. Die fertigen Crêpes auf einem Teller im Backofen bei etwa 75° C warm halten.*

5. *Die Crêpes tütenförmig zusammenfalten und mit den Johannisbeeren füllen. Auf einem vorgewärmten Teller anrichten, mit Puderzucker bestreuen und die zurückbehaltenen Rispen anlegen.*

Crêpes mit Ahornsirup und Heidelbeeren

1 Rezept Crêpeteig (siehe Rezept Seite 142) • 300 g Heidelbeeren • wenig Butter • 8 EL Ahornsirup • 1/8 l Sahne • Puderzucker • einige Pfefferminzblättchen

1. *Die Crêpes wie im Rezept Seite 142 beschrieben backen.*
2. *Die Heidelbeeren verlesen, waschen und auf einem Sieb abtropfen lassen.*
3. *Wenig Butter in einem kleinen Topf aufschäumen lassen, die Heidelbeeren zugeben, erhitzen und mit dem Ahornsirup ablöschen. Umrühren und nicht mehr kochen lassen.*
4. *Die Sahne steif schlagen und je einen Crêpe auf einen Teller legen und den Rand mit Puderzucker bestäuben. Die Heidelbeeren auf eine Hälfte des Crêpes legen und zusammenfalten. Pfefferminze und etwas steifgeschlagene Sahne hinzugeben.*

Blätterteig mit Brombeergelee

1 Tag Vorbereitung

250 g Weizenmehl • 200 g Butter • 100–150 ml Wasser • ½ TL Salz • wenig Essig • Brombeergelee

1. *200 g des Mehles auf eine Arbeitsplatte sieben, mit 50 g der Butter verreiben. Salz, Essig und nach und nach das lauwarme Wasser zugeben und zu einem Teig verkneten. Diesen zu einer Kugel formen und mindestens 1 Stunde in Folie verpackt ruhen lassen.*
2. *Das restliche Mehl mit der übrigen Butter rasch zusammenkneten und diese Mehlbutter für 1 Stunde kalt stellen.*
3. *Den zuerst gefertigten Mehlteig über Kreuz einschneiden und so ausrollen, daß ein Quadrat mit vier Ausläufern entsteht. Das Quadrat muß viermal so dick sein wie die Ausläufer.*
4. *Die Mehlbutter auf das Quadrat geben. Die Ausläufer darüber zusammenschlagen. 10 Minuten kalt stellen und anschließend in die Längsrichtung ausrollen. In Abständen von 30 Minuten den Teig nach dem Ausrollen auf zwei oder drei Teile zusammenklappen und ausrollen. Wichtig ist, daß Sie ihn immer wieder kalt stellen. Diesen Vorgang 4- bis 5mal wiederholen. Den Blätterteig bis zur weiteren Verwendung im Kühlschrank aufbewahren.*
5. *Nach mindestens 8 Stunden Ruhe, besser über Nacht, können Sie beliebig fortfahren. Den Blätterteig auf einer bemehlten Fläche etwa 0,5 cm dick ausrollen und beliebig Formen ausstechen, schneiden oder rädeln.*
6. *Die Blätterteigstücke werden auf ein leicht gefettetes Backblech gelegt, mit wenig Wasser bepinselt und nun bei etwa 185° C 10–15 Minuten gebacken.*
7. *Nach dem Erkalten werden die Gebäckteilchen aufgeschnitten und mit Gelee gefüllt. Als Füllung eignen sich auch Sahne- oder Quarkcremes mit und ohne Früchte.*

Mandelcreme mit Himbeersauce

6 Stunden Vorbereitungszeit

300 ml Milch • 350 ml Sahne • 200 g Marzipanrohmasse • 4 Eigelb • 50 g Zucker • 6 Blatt Gelatine • 200 g Himbeeren • 50 g Gelierzucker • 50 g Mandelblättchen • 1 Mango

1. *Die Milch mit 100 ml Sahne und dem Marzipan unter Rühren aufkochen.*
2. *Die Eigelbe mit dem Zucker schaumig rühren. Die Gelatine in kaltem Wasser etwa 10 Minuten einweichen. 1/4 der heißen Marzipanmasse zum Eigelb-Zucker-Gemisch geben, verrühren und das Ganze zu der restlichen Marzipancreme geben.*
3. *Diese Masse unter Rühren weiter erwärmen bis sie dicklicher wird. Nun die ausgedrückte Gelatine zugeben und verrühren. In eine Schüssel umgießen und in einem kalten Wasserbad kaltrühren.*
4. *Die restliche Sahne steif schlagen und unter die abgekühlte noch fließende Marzipanmasse heben, umfüllen und kalt stellen.*
5. *Die verlesenen Himbeeren mit dem Gelierzucker aufkochen und erkalten lassen. Die Mandelblättchen in einer Pfanne rösten.*
6. *Mit einem in heißes Wasser getauchten Löffel „Nocken“ aus der Mandelcreme stechen und auf gekühlten Tellern mit der Himbeersauce, den Mandelblättchen anrichten. Die Mango schälen, in Scheiben schneiden und anlegen.*

Orangen-halbgefrorenes

6 unbehandelte Orangen • 125 g Zucker • 4 Eier • ¼ l Sahne • Kakaopulver • Streifen von 2 unbehandelten Orangen

1. Von zwei der sechs Orangen die Schale abreiben und in eine große Aufschlagschüssel geben. Alle Orangen auspressen und den Saft auf 50 ml einkochen. Den Orangensirup zu dem Orangenabrieb geben und den Zucker sowie die Eier zugeben.
2. Alles über einem heißen Wasserbad mit dem Rührgerät zu einer cremigen, luftigen Masse aufschlagen. Im kalten Wasserbad anschließend so lange weiterschlagen, bis die Creme unter Körpertemperatur abgekühlt ist.
3. Die Sahne steif schlagen und mit einem Schneebesen unter die Orangenmasse heben.
4. Die Masse in eine mit Folie ausgelegte, abgerundete Kasten- oder Terrinenform füllen. Mit Folie verschließen und mindestens für 6 Stunden ausgefrieren.
5. Über den Boden der Form warmes Wasser laufen lassen, das Halbgefrorene auf eine Platte stürzen und mit einem in heißes Wasser getauchten Messer 1,5 cm dicke Scheiben abschneiden. Auf gekühlten Tellern mit dem Kakaopulver und den Orangenscheiben garniert anrichten.

Haselnußkuchen

125 g Butter • 125 g Zucker • 2 Eier • Salz • Zimtpulver • 125 g gemahlene Haselnüsse • 150 g Weizenmehl • ½ TL Backpulver • 300 ml Sahne • 150 g Halbbitterkuvertüre

1. Mit wenig Butter eine „Rehrücken-Kuchenform" einfetten. Die restliche Butter schmelzen und mit dem Zucker cremig rühren. Nacheinander die Eier hinzugeben und mit einer Prise Salz und nach Belieben Zimtpulver abschmecken.
2. Die Haselnüsse in die Masse geben. Die Kuchenform mit wenig Mehl bestäuben, das restliche Mehl mit dem Backpulver zu den Haselnüssen sieben und alles unterrühren.
3. Den Teig in die Kuchenform füllen, im vorgeheizten Backofen bei 175° C etwa 60 Minuten backen und anschließend erkalten lassen.
4. Die Sahne steif schlagen, die Kuvertüre reiben und unterheben. Den Haselnußkuchen mit der Schokoladensahne anrichten.

Haselnußsoufflé

200 ml Milch • 25 g Butter • 100 g Haselnüsse • 50 g Mehl • 3 Eigelb • 75 g Zucker • 2 EL Nußlikör • Butter • Zucker • 3 Eiweiß

1. Die Milch mit der Butter in einem Topf aufkochen. Die Nüsse fein mahlen. Im Sturz das gesiebte Mehl und die gemahlenen Haselnüsse hinzugeben und glattrühren. Diese Masse weiter erhitzen, bis sich ein Kloß gebildet hat, der sich sauber vom Topfboden löst. Etwas abkühlen lassen.
2. Die Eigelbe mit dem Zucker und dem Nußlikör cremig rühren. Diese Masse mit dem Teig verrühren. Sollte noch zuviel Feuchtigkeit in dem Teig vorhanden sein, so erhitzen Sie die Masse noch ein wenig, jedoch darf nichts anhängen.
3. Kleine Soufflöförmchen mit Butter einfetten und mit Zucker ausstreuen.
4. Die Eiweiße steif schlagen, unter die Haselnußmasse ziehen. Diese in die Förmchen füllen und im Backofen bei 180° C etwa 30 Minuten backen. Währenddessen die Ofentür nicht öffnen.

Zitronensoufflé

¼ l Milch • 25 g Butter • 50 g Mehl • 25 g Speisestärke • 3 Eigelb • 50 g Zucker • Butter • Zucker für die Förmchen • 3 Eiweiß • geriebene Schale von 3 unbehandelten Zitronen • Puderzucker

1. Die Milch mit der Butter in einem Topf aufkochen. Das gesiebte Mehl und die Speisestärke auf einmal unter Rühren hinzugeben. Noch weiter erhitzen, bis sich ein Kloß entwickelt hat und den Topf vom Herd nehmen.
2. Die Eigelbe mit dem Zucker schaumig rühren. Diese Mischung rasch unter den Kloß rühren und etwas abkühlen lassen.
3. In der Zwischenzeit kleine Souffléförmchen mit Butter ausstreichen und mit Zucker bestreuen.
4. Die Eiweiße steif schlagen und mit der Zitronenschale unter die Masse heben und in die vorbereiteten Förmchen füllen.
5. Bei 180° C etwa 30 Minuten backen, dabei möglichst nicht die Tür des Backofens öffnen.
6. Nach dem Backen das Zitronensoufflé mit Puderzucker bestäuben. Dazu schmeckt eine Sauce aus pürierten Früchten.

Wassermelonensorbet

1 Wassermelone (etwa 1,5 kg) • 100 g Zucker • 1 Eiweiß • 150 g Halbbitterkuvertüre • 2 EL Pistazien • 1 Zweig Zitronenmelisse oder Pfefferminze

1. *Die Melone halbieren und aus einer Hälfte mit einem Kugelausstecher Kugeln herauslösen, sowie einige schöne Schnitze, um daraus Melonendreiecke zu schneiden. Dreiecke und Kugeln kalt stellen.*
2. *Das übrige rote Melonenfruchtfleisch von der Schale lösen. Mit Hilfe einer Suppenkelle das Fruchtfleisch durch ein Sieb drücken.*
3. *Den Zucker mit 200 ml Wasser aufkochen. Einen Teil oder nach Belieben den gesamten Sirup zu dem Melonenpüree geben.*
4. *Den Fruchtsirup in eine Sorbetière füllen und etwa 35 Minuten gefrieren lassen. Das Eiweiß steif schlagen und hinzugeben.*
5. *100 g Kuvertüre schmelzen und mit einem Teil der grob zerkleinerten Pistazien kurz vor Ende der Gefrierzeit zugeben. Die restliche Kuvertüre fein hobeln.*
6. *Die gut gekühlten Teller mit den Melonenstücken belegen. Mit einem in heißes Wasser getauchten Löffel „Nocken" aus dem Melonensorbet stechen, mit den übrigen Pistazien und Kuvertürehobeln anrichten und mit Zitronenmelisse oder Pfefferminze dekorieren.*

Miniananas mit Rumsahne

1 Mini- oder Babyananas • ¼ l Sahne • 1 EL Puderzucker • 2–3 EL weißer Rum

***1.** Die Ananas der Länge nach halbieren, dann vierteln. Mit einem Messer zwischen Fruchtfleisch und Schale entlangfahren, das Innere, ohne es aus der Schale zu nehmen, in ½ cm dicke Scheiben schneiden und parallel verschieben.*
***2.** Die Sahne fast steif schlagen, dann den Puderzucker zugeben, weiterschlagen und zum Schluß den Rum eßlöffelweise unterziehen.*
***3.** Die Rumsahne in einen kalten Spritzbeutel mit 6er Sterntülle geben. Die Ananas mit einigen Sahnetupfen anrichten.*

Ananas mit Brombeersauce

200 g Brombeeren • 2 EL Zucker • 2 EL Brombeerlikör • 125 ml Crème fraîche • wenig Sahne • 1 TL Puderzucker • 1 Ananas

1. *Die Brombeeren waschen, verlesen und einige schöne Beeren zur Dekoration zurücklegen. Die restlichen Früchte mit dem Zucker und dem Likör pürieren, durch ein Sieb streichen und kalt stellen.*

2. *Die Crème fraîche, die Sahne und den Puderzucker miteinander verrühren.*

3. *Die Ananas in Scheiben schneiden und auf kalte Teller legen. Eventuell ein Stück herausschneiden und die Schale lösen. Mit dem Brombeerpüree und der Sahnemischung anrichten und die zurückbehaltenen Brombeeren anlegen.*

Weißkäse auf Mokkasauce

250 ml Crème fraîche • 3 EL Zucker • das Mark einer Vanilleschote • 250 g Magerquark • 3 Blatt Gelatine • 300 ml starker Mokka • 3 Eier • 50 g Zucker • 50 g Kuvertüre • einige Johannisbeeren

1. *Die Crème fraîche wie Schlagsahne steif schlagen. Mit dem Zucker, dem Vanillemark und dem Magerquark verrühren. Die Gelatine in kaltem Wasser einweichen.*

2. *Den Mokka erhitzen. Die Eier trennen und die Eigelbe mit dem Zucker cremig rühren. Einen Teil des heißen Mokkas zu den Eigelben geben, verrühren und den übrigen Mokka hinzufügen. So lange weiter erhitzen, bis die Sauce dicklicher wird, dann sofort durch ein Sieb umgießen.*

3. *Die Gelatine in wenig lauwarmem Wasser lösen und rasch unter den Quark rühren. Für mindestens 4 Stunden kalt stellen.*

4. *Mit einem in heißes Wasser getauchten Löffel Nocken aus dem Weißkäse stechen und in einen Spiegel von Mokkasauce setzen. Johannisbeeren anlegen und Kuvertüre darüberhobeln.*

Rhabarbercreme auf Erdbeersalat

300 g Rhabarber • 150 g Zucker • 3 Blatt Gelatine • ¼ l Sahne • 250 g Erdbeeren • 1 kleiner Bund Pfefferminze • 2 EL Kokosflocken • 4 EL Sahne

1. *Den Rhabarber waschen, schälen, in kleine Würfel schneiden und mit dem Zucker bei kleiner Flamme zerkochen lassen. Die Gelatine in kaltem Wasser einweichen, ausdrücken und zu dem Rhabarber geben. Unter Rühren erkalten lassen.*

2. *Die Sahne steif schlagen. Bevor die Rhabarbermasse zu stocken beginnt, die Sahne unterheben. Die Masse in kleine Förmchen füllen und für mindestens 6 Stunden kalt stellen.*

3. *Die Erdbeeren kurz vor dem Anrichten waschen, verlesen und halbieren. Einige schöne Pfefferminzblättchen zurücklegen, die übrigen in feine Streifen schneiden. Die Erdbeeren auf den Tellern verteilen.*

4. *Den Inhalt der zuvor in heißes Wasser gehaltenen Förmchen auf die Erdbeeren stürzen. Die flüssige Sahne darübergießen und mit Kokosflocken und Pfefferminzstreifen bestreuen. Minzblättchen anlegen.*

Erdbeerhalbgefrorenes

600 g Erdbeeren • 150 g Zucker • Zimt • 2 Eier • 2 Eigelb • ¼ l Sahne • 1 EL Pistazienkerne

1. *Etwa 100 g schöne Erdbeeren zurücklegen. Die restlichen mit dem Zucker und wenig Zimt pürieren. Ein Drittel des Pürees kalt stellen.*
2. *Das übrige Püree mit den Eiern und den Eigelben in einer Aufschlagschüssel über Wasserdampf zu einer cremigen Masse aufschlagen und unter Schlagen abkühlen lassen.*
3. *Die Sahne steif schlagen, unter die abgekühlte Masse heben und damit eine Ringform füllen. Für mindestens 6 Stunden, besser über Nacht, ausgefrieren lassen.*
4. *Zum Anrichten die Form in heißes Wasser tauchen und das Halbgefrorene herausgleiten lassen. In 2–3 cm dicke Stücke schneiden, auf kalten Tellern mit dem Erdbeerpüree und den Pistazien anrichten. Eventuell mit Zimt bestäuben und die zurückbehaltenen Erdbeeren anlegen.*

Apfelbiskuit

200 g Zucker • 8 Eier • 250 g Weizenmehl • 1 EL Butter • 4 Äpfel • ½ Zimtstange • Zitronensaft • 2 EL Akazienhonig • 250 ml Sahne • Puderzucker

1. *Den Zucker mit den Eiern über einem heißen Wasserbad mit einem Rührgerät zu einer dicklichen Creme aufschlagen und anschließend im kalten Wasserbad kalt schlagen. Das gesiebte Mehl auf einmal zugeben und mit einem Schneebesen unterheben. Zum Schluß die Butter zerlassen und leicht abgekühlt hineinrühren.*
2. *Die Biskuitmasse in ein flaches, mit Alufolie ausgelegtes und eingefettetes Backblech gießen und im Backofen bei 200° C auf der mittleren Schiene goldgelb backen.*
3. *Den Biskuit auf ein Kuchengitter stürzen, die Alufolie abziehen, mit einem feuchten Tuch bedecken und auskühlen lassen.*
4. *Zwei Äpfel zerkleinern, mit zwei Eßlöffeln Wasser und der Zimtstange weichkochen, durch ein Sieb passieren und erkalten lassen. Die restlichen Äpfel in Würfelchen schneiden, mit Zitronensaft beträufeln und in den erhitzten Honig geben, umrühren und erkalten lassen.*
5. *Aus dem Biskuit mit einem Messer am Rand eines umgestülpten Glases Kreise schneiden und diese quer in Hälften teilen.*
6. *Die Sahne steif schlagen, mit den Apfelstücken und dem Apfelpüree locker vermischen. Die Hälfte der Biskuitböden mit dieser Masse bestreichen, die Oberteile aufsetzen und mit Puderzucker bestäuben.*

Reiscreme

¼ l Milch • 75 g Milchreis • 2 Eigelb • 50 g Zucker • 3 Blatt Gelatine • 200 ml Sahne • 250 g Erdbeeren • 2 EL Zucker • 2 Orangen

1. Die Milch aufkochen, unter Rühren den Reis hinzugeben. Bei geringer Hitze den Reis garen.
2. Die Eigelbe mit dem Zucker schaumig rühren. Die Gelatine in kaltem Wasser etwa 10 Minuten einweichen.
3. ¼ des Milchreises mit der Eigelb-Zucker-Masse verrühren, alles zum restlichen Milchreis geben und unter Rühren weiter erwärmen bis die Masse andickt. Die ausgedrückte Gelatine hinzugeben und im kalten Wasserbad kalt rühren.
4. Die Sahne steif schlagen, unter den abgekühlten Milchreis heben und in Timbaleförmchen füllen. Mit Folie abdecken und für mindestens 4 Stunden kaltstellen.
5. Die Erdbeeren mit dem Zucker pürieren und die Orangen filieren.
6. Den Rand der Timbaleförmchen mit einem Messer lösen, über den Boden warmes Wasser laufen lassen und die Desserts auf gekühlte Teller stürzen. Mit Erdbeersauce umgießen und die Orangenfilets anlegen.

Mohneis

400 ml Milch • 200 ml Sahne • 1 EL Mohn • 5 Eigelb • 100 g Zucker • einige Kirschen • wenig Mohn

1. Die Milch mit der Sahne und dem Mohn aufkochen. Etwa 10 Minuten am Herdrand ziehen lassen.
2. Die Eigelbe mit dem Zucker cremig aufschlagen und ⅓ der Mohnmilch mit den Eigelben verrühren. Die Eigelbmasse zur Mohnmilch zurückgeben und unter Rühren erhitzen bis die Masse dicklicher wird. Umgießen und erkalten lassen.
3. Die Mischung in einer Eismaschine oder Sorbetière etwa 35 Minuten ausgefrieren.
4. Mit einem in heißes Wasser getauchten Löffel „Nocken" ausstechen und auf einem kalten Teller anrichten. Kirschen anlegen und mit dem Mohn bestreuen.

Rezeptverzeichnis